Exquisit Bücher

MARQUIS DE SADE

Die Wonne des Lasters

Seltene Sadiana

Herausgegeben
und mit einem Dossier von Michael Farin
und Hans-Ulrich Seifert

WILHELM HEYNE VERLAG
MÜNCHEN

HEYNE EXQUISIT
16/422

Herausgeber: Werner Heilmann

Printed in Germany 1988
Umschlaggestaltung: Atelier Ingrid Schütz, München
Satz: IBV Satz- und Datentechnik GmbH, Berlin
Druck und Bindung: Presse-Druck Augsburg

ISBN 3-453-00873-1

Inhalt

Statt eines Vorworts

Dr. Veriphantor: Der Sadismus. Zur Psychologie unserer Zeit (1903)

Egoismus oder Altruismus in der Liebe?

Als der englische Philosoph Hobbes in seinem berühmten *Leviathan* als Hauptprinzip des gesellschaftlichen Zusammenlebens der Tiere und Menschen den „Krieg aller gegen alle" (bellum omnium contra omnes) aufstellte, hatte er gewiss auch das scheinbar altruistische Gefühl, die geschlechtliche Liebe, mit in diesen Begriff eingeschlossen. Wohl ist die Geschlechtsbegierde in ihren höheren, idealistischen Formen der höchsten Taten der Selbstlosigkeit und Selbstentäusserung fähig und vermag insofern auch der Allgemeinheit zu gute kommende Werte zu schaffen, also ist in dieser Hinsicht eminent sozialer Natur. Betrachtet man aber die Liebe, wo sie nicht blosser Platonismus ist, sondern eben eine geschlechtliche „Begierde" darstellt, also in ihrer subjektiven Bedeutung, rein vom Standpunkt der Liebenden aus, so scheinen viele altruistische Handlungen derselben nicht um ihrer selbst willen geschehen zu sein, sondern dienen in letzter Linie doch nur wieder der Beglückung, Erweiterung, Vertiefung des Ich. Da erweist sich dieser dunkle, metaphysische Drang, in dem der

---

Hinweis des Verlags: Orthographie und Zeichensetzung folgen dem Original von 1903.

Mensch gleichsam das Rätsel, die Wurzel des Daseins zu packen vermeint, als der wirkliche „Brennpunkt“ des „Willens“, als exklusivster Egoismus.

Mit Recht hat man von der Liebe als von einem „Kampfe“ zweier verschiedengeschlechtlicher Individuen gesprochen, in physischem und in moralischem Sinne. Jeder sucht das geliebte Wesen zu besiegen, an sich zu reissen, mit sich zu verschmelzen, eins mit ihm zu werden, in dieser Vereinigung aber sich selbst am meisten zu empfinden, aus der Wonne der Umarmung gleichsam als ein gesteigertes, gekräftigteres Ich hervorzugehen. So bildet der Egoismus die Basis des natürlichen Geschlechtstriebes, die auch in den seelischen Projektionen desselben sichtbar wird. Um so beglückender ist die Liebe, je mehr nun auch in seelischer Beziehung die Geliebte zu einer Beute des Liebenden wird, und vielleicht wird dieser Sieg auf psychischem Gebiete noch viel lustvoller empfunden, als die körperliche Hingebung.

Grausamkeit als potenzierter Egoismus

Die krasseste Aeusserungsform nun des menschlichen Egoismus, welch letzterer in der geschlechtlichen Liebe eine so hervorragende Rolle spielt, ist die Grausamkeit, die Freude an dem Leiden und den Schmerzen eines anderen. Ihr Wesen als eine allgemeine anthropologische Erscheinung ist neuerdings von I. Bloch in seinem bedeutsamen Werke über die *Aetiologie der Psychopathia sexualis* (Dresden 1903) in eingehender Weise wissenschaftlich untersucht und in ihren verschiedenen ursächlichen Momenten dargestellt worden, auf welche interessanten Ausführungen wir den Leser verweisen.

Schopenhauer's Ansicht, dass der Mensch einen natürlichen Hang zur Grausamkeit besässe, wird durch die Beobachtungen an primitiveren Menschen, an Wilden und

Kindern bestätigt. Hier erscheint derselbe noch als etwas Natürliches, Selbstverständliches. Man beobachte nur, wie Kinder die ihnen in die Hände fallenden Tiere zwecklos, aus purem Zeitvertreibe und zu ihrer eigenen Belustigung quälen und martern.

Nach Nietzsche durchzieht dieser primitive menschliche Hang zur Grausamkeit auch die gesamte höhere Kultur des Menschengeschlechts. „Fast Alles", sagt er, „was wir ‚höhere Kultur' nennen, beruht auf der Vergeistigung und Vertiefung der Grausamkeit – dies ist mein Satz; jenes „wilde Tier" ist garnicht abgetötet worden, es lebt, es blüht, es hat sich nur – vergöttlicht. Was die schmerzliche Wollust der Tragödie ausmacht, ist Grausamkeit; was im sogenannten tragischen Mitleiden, im Grunde sogar in allem Erhabenen bis hinauf zu den höchsten und zartesten Schaudern der Metaphysik, angenehm wirkt, bekommt seine Süssigkeit allein von der eingemischten Ingredienz der Grausamkeit. Was der Römer in der Arena, der Christ in den Entzückungen des Kreuzes, der Spanier angesichts von Scheiterhaufen oder Stierkämpfen, der Japanese von heute, der sich zur Tragödie drängt, der Pariser Vorstadtarbeiter, der ein Heimweh nach blutigen Revolutionen hat, die Wagnerianerin, welche mit ausgehängtem Willen Tristan und Isolde über sich „ergehen lässt", – was diese alle geniessen und mit geheimnisvoller Brunst in sich hineinzutrinken trachten, das sind die Würztränke der grossen Circe ‚Grausamkeit'."

Es lässt sich nicht leugnen, dass das im Eingange unserer Schrift über den „Flagellantismus" geschilderte Erregungsbedürfnis des modernen Kulturmenschen der weiten Verbreitung grausamer Gelüste einen gewaltigen Vorschub leistet.

Wir werden weiter unten noch genauer auf diese eigenartige Verknüpfung der Grausamkeit mit dem Kulturleben zu sprechen kommen. An dieser Stelle betrachten wir zunächst die Rolle derselben in der Liebe und im Geschlechtsleben.

Grausamkeit und Wollust

Indem wir als einen wesentlichen Zug selbst des in der Form der Liebe idealistischen Geschlechtstriebes den Egoismus nachweisen, als dessen höchste Potenz die Grausamkeit aufgefasst werden muss, können wir a priori annehmen, dass in der gröbsten und materiellsten Erscheinungsform des Sexualtriebes, der rein physischen Wollust, Egoismus und Grausamkeit am krassesten zu Tage treten. Der Marquis de Sade, der die Beziehungen zwischen Grausamkeit und Wollust in ein förmliches System gebracht hat, worüber gleich Näheres mitgeteilt werden soll, konstruiert, wie Dühren in seinem bekannten Werke über den *Marquis de Sade und seine Zeit* ausführt, den folgenden Zusammenhang zwischen Wollust und Grausamkeit: Die Wollust ist das Primäre. Sie erstickt das Mitleid im Menschen und macht ihn hart und gefühllos. Deshalb bedarf der in der Wollust ganz aufgehende Mensch immer stärkerer Reize, um befriedigt zu werden. Die Nervenmasse muss durch einen sehr starken Schlag aufgerüttelt und erschüttert werden. Es ist aber unzweifelhaft, dass der Schmerz die Nerven heftiger angreift, als die Freude und daher dieselben lebhafter erregt. Der Schmerz anderer erzeugt in dem Wüstling eine angenehme Empfindung. Die Natur spricht uns niemals von anderen, sondern nur von uns. Sie preist uns das Suchen der Lust an, und es ist ihr einerlei, ob das anderen angenehm ist oder nicht.

Aehnliche Ideen über den Zusammenhang zwischen Wollust und Grausamkeit entwickelt ein englischer Autor. In dem interessanten Kapitel über Sadismus, welches den dritten Band seines *Geschlechtslebens in England* einleitet, teilt Dühren die folgende Stelle aus dieser *Experimental Lecture by Colonel Spanker* mit:

„Das Gefühl der Wollust kann nur durch zwei Dinge erregt werden, nämlich erstens dadurch, dass wir glauben, dass der Gegenstand unserer Liebe sich unserem Schönheitsideal nähert, oder zweitens dadurch, dass wir diese

Person möglichst starke Sensationen fühlen sehen. Kein Gefühl ist aber lebhafter, als das des Schmerzes, seine Erschütterung ist wirklich und gewiss. Er leitet nie irre, wie die Komödie der Wollust, die von Weibern ewig gespielt, aber niemals wirklich gefühlt wird. Derjenige, welcher auf eine Frau den stärksten Eindruck hervorbringen, der die weibliche Organisation bis zum äussersten in Aufregung und Vibration versetzen kann, wird auch sich selbst den höchsten Grad sinnlichen Genusses verschafft haben."

Der Sadismus: Biographie des Marquis de Sade

Man nennt diese eigentümliche Verbindung von Grausamkeit und Wollust ganz im allgemeinen „Sadismus", welcher Ausdruck allerdings noch einer speziellen Erläuterung und Definition bedarf. Er ist nach dem Urheber dieser Theorien, dem berüchtigten Marquis de Sade, gebildet worden, welcher ein förmliches detailliertes System der auf diesem Zusammenhange beruhenden Geschlechtsgenüsse ausgebildet hat, eben den Sadismus, dessen Definition daher, wie wir sehen werden, eine noch umfassendere ist, als bisher angedeutet wurde.

Donatien Alphonse François, Marquis de Sade, geboren am 2. Juni 1740, entstammte einem alten provenzalischen Adelsgeschlechte, unter dessen Ahnfrauen Petrarca's „Laura", die Gattin von Hugo de Sade, vor allem zu nennen ist, deren lieblich-unschuldige Erscheinung am Anfange der Geschichte der Familie de Sade zu derjenigen unseres Marquis einen unerhörten Kontrast bildet. Ein „grausamer Witz der Litteraturgeschichte" scheint, wie Eulenburg sagt, diese Beiden in einer und derselben Familie vereinigt zu haben.

Unter den übrigen Vorfahren des Marquis de Sade, die grösstenteils hohe staatliche und militärische Aemter bekleideten, verdient nur noch sein Oheim, der galante Abbé François de Sade eine Erwähnung, weil von diesem der

Marquis die Neigung zu erotischen Abenteuern und vor allem zur Schriftstellerei geerbt zu haben scheint.

Nachdem de Sade als Knabe das Collège Louis-le-Grand in Paris besucht hatte, trat er als Offizier in ein Kavallerieregiment ein, bei welchem er den siebenjährigen Krieg in Deutschland mitmachte, nach dessen Beendigung er im Jahre 1763 nach Paris zurückkehrte. Schon damals hatte er sich einem lasterhaften Leben ergeben, und der Vater verheiratete ihn mit der ältesten Tochter des Präsidenten von Montreuil, um ihn dadurch der Korruption zu entreissen. Es entspann sich aber noch vor der Hochzeit ein Liebesverhältnis zwischen de Sade und der jüngeren Tochter des Präsidenten, welches viel zu dem Unglücke dieser Ehe und dem späteren Lebenswandel des Marquis beitrug, obgleich seine Gattin ihm trotz aller Missachtung eine leidenschaftliche und selbstlose Liebe entgegenbrachte.

Von dieser Zeit an gaben die sexuellen Ausschweifungen des Marquis de Sade wiederholt Anlass zu öffentlichem Skandal und führten ihn wiederholt und zuletzt für lange Jahre ins Gefängnis, wo er im ganzen 14 Jahre zubrachte. Auch begann er damals, schon mit 23 Jahren, die Abfassung obscöner Schriften.

Unter diesen Skandalaffären verdienen besonders zwei eine Erwähnung: Die Affäre Keller vom 3. April 1768 und die berüchtigte Cantharidenbonbons-Orgie zu Marseille vom 21. Juni 1772.

Nach verschiedenen nicht ganz mit einander übereinstimmenden Berichten über die erstere Skandalgeschichte hatte der Marquis de Sade am Osterdienstag des Jahres 1768 eine gewisse Rosa Keller, die Witwe eines Deutschen, auf der Strasse angesprochen, sie mit sich in seine „petite maison" in Arceuil geführt, wo er sie fesseln liess, und entweder durch Messerstiche verletzte, oder nach einer anderen Version mit Ruten peitschte, worauf er seine Wollust mit ein paar anwesenden Dirnen befriedigte. Es existiert noch ein dritter Bericht, nach welchem die völlig entkleidete Keller, erschreckt durch den Anblick der sie umgebenden Folterwerkzeuge ohne weiteres zum Fenster hinausgesprungen sein soll. Das wesentliche in diesen drei Berichten ist jedenfalls der Umstand, dass de Sade hier offenbar seine eigentümlichen, in den späteren Romanen mit so grosser Ausführlichkeit entwickelten Theorien über den die Wollust steigernden Einfluss der Grausamkeit ins Praktische zu übersetzen versuchte, was ihm freilich nur unvollkommen gelungen zu sein scheint.

Der zweite Skandal zu Marseille im Jahre 1772 machte noch mehr Aufsehen und verschaffte seinem Urheber die zweifelhafte Berühmtheit, die seitdem stets mit seinem Namen verknüpft wurde und wohl nicht wenig den Erfolg seiner berüchtigten litterarischen Produkte herbeiführte. Auch die Marseiller Affäre ist uns in verschiedenen Darstellungen überliefert worden. In der bekanntesten, der von Bachaumont, heisst es: „Er gab einen Ball, zu dem er viele Leute eingeladen hatte, und beim Dessert verteilte er sehr schöne Chokoladenpastillen, von denen viele Leute assen. Derselben waren gepulverte spanische Fliegen beigemischt. Man kennt die Wirkung dieses Mittels. Alle, die davon gegessen hatten, wurden von einer schamlosen Brunst ergriffen und begingen die tollsten Liebesexzesse. Das Fest artete zu einer wilden altrömischen Orgie aus. Die keuschesten Frauen konnten der Mutterwut nicht widerstehen, welche sie verzehrte. Der Marquis de Sade missbrauchte seine Schwägerin, mit der er dann entfloh, um der ihm drohenden Todesstrafe zu entgehen. Mehrere Personen starben an den Folgen der Exzesse, andere sind noch sehr krank." Nach einer anderen Nachricht soll de Sade die Cantharidenbonbons unter den Insassinnen eines Bordells verteilt haben und dadurch die obengeschilderten Folgen hervorgerufen haben. In Wirklichkeit scheinen letztere aber nicht eingetreten zu sein, und die gegen de Sade erhobene Anklage auf Giftmord beruhte auf einem blossen Verdacht, da die Bonbons, wie die chemische Untersuchung ergab, kein Gift enthielten. Dasselbe dürfte hinsichtlich der von mehreren bei der Orgie beteiligten Dirnen gegen den Marquis erhobenen Anklagen wegen widernatürlicher Unzucht der Fall sein.

De Sade, der inzwischen mit seiner Schwägerin nach Italien entflohen war, wurde vom Parlamente in Aix in contumaciam zum Tode verurteilt, welches Urteil 1778 in eine Geldstrafe umgewandelt wurde. Er selbst war 1772 nach dem plötzlichen Tode seiner Schwägerin – Maitresse in Piemont verhaftet und im Fort Miolans gefangen gesetzt worden. Es gelang aber seiner mit selbstlos-leidenschaftlicher Liebe an ihm hängenden Gattin, ihm im Mai 1773 zur Flucht zu verhelfen. Er hielt sich dann vier Jahre in Gesellschaft einer neuen Maitresse in Italien auf, kehrte 1777 nach Frankreich zurück, wo er bald verhaftet und im Festungsturm von Vincennes eingekerkert wurde, von wo er im Jahre 1784 in die Bastille gebracht wurde. Von hier kam er am Vorabend der Erstürmung der Bastille nach Charenton, um durch Dekret der konstituierenden Versammlung vom 29. März 1790 befreit zu werden.

In diesen 13 Gefängnisjahren entstanden die ersten Entwürfe zu seinen berüchtigten Werken, die gleichsam als eine Ableitung des jahrelang unterdrückten Geschlechtstriebes anzusehen sind. Dass aber die Brutalität und Grausamkeit, von denen diese Werke triefen, nicht blosse Phantasiegebilde waren, sondern im Charakter des Marquis lagen, bewies die herzlose Art, mit welcher er die ihn abgöttisch liebende Gattin in Briefen und bei ihren häufigen Besuchen im Gefängnis behandelte, so dass man sie öfters vor tätlichen Angriffen schützen musste. Das Material für seine Schriftstellerei im Gefängnis lieferten ihm ausser seiner furchtbaren Phantasie zahlreiche Bücher, die er sich zu verschaffen wusste, und aus denen er das ihm Zusagende auszog.

Die Revolution, welche ihn in Freiheit setzte, entsprach ganz den politischen und sozialen Anschauungen, welche er sich während seiner langen Gefangenschaft gebildet hatte. Mit Enthusiasmus schloss er sich an die berüchtigten Urheber der „Schreckensherrschaft" an, feierte besonders den blutdürstigen Marat als Befreier der Menschheit und trug auch seinen Tribut zu derselben bei, indem er seine die Grausamkeit in ihrer Verbindung mit der Wollust verherrlichenden Schriften in den ersten Jahren der Revolution erscheinen liess. Auch nahm er sein früheres lasterhaftes Leben wieder auf, beging allerlei Exzesse, versuchte sich auch als Dramatiker und politischer Pamphletist. Als solcher schrieb er unter dem Direktorium einen obscönen Roman *Zoloë et ses deux acolytes* mit heftigen Ausfällen gegen Joséphine de Beauharnais, Madame Tallien, Barras, Bonaparte u. a., welche am 5. März 1801 zu einer neuerlichen Verhaftung und Einsperrung in den Irrenanstalten von Bicêtre und Charenton führten, an welch letzterem Ort er den Rest seines Lebens verbrachte, unaufhörlich in Rede und Schrift mit obscönen Dingen beschäftigt, als „Theaterdirektor“ für das Amüsement der Insassen der Anstalt sorgend und von den Frauen verhätschelt, bis er, 74 Jahre alt, am 2. Dezember 1814 an einer Lungenaffektion starb.

Hauptschrift des Marquis de Sade

Die Hauptschriften, in denen der Marquis de Sade seine ungeheuerlichen Theorien über die „Wonne des Lasters“ und den wollüstigen Genuss, der aus grausamen Handlungen entspringt, niedergelegt hat, sind die mit einander zusamenhängenden Romane *Justine ou les Malheurs de la Vertu* (Erstausgabe 1791) und *Juliette ou les Prospérités du vice* (Erstausgabe 1796), die in den späteren Ausgaben zusammen zehn Bände umfassen, und der obscöne Dialog *La Philosophie dans le Boudoir* (Erstausgabe 1795, 2 Bände).

In dem ersteren berüchtigten Romane schildert de Sade die infolge ihrer Stellung zur Tugend ganz entgegengesetzten Schicksale zweier Schwestern. Die tugendhafte Justine erleidet infolge ihrer Rechtschaffenheit die härtesten Verfolgungen, gerät in die Hände von Räubern, Wüstlingen, Mönchen, Adligen, Bischöfen u. a. m., die alle in sexuellen

Ausschweifungen schwelgen und auch die arme Justine zu einem Opfer ihrer Lüste machen, welche fast alle mit den grässlichsten Martern, mit Hinrichtungen, Notzucht, Giftmord usw. einhergehen. Diese Scheusale baden sich im Blute, um die Wollust zu geniessen, sie ergehen sich in langatmigen Reden über die „Wonne des Lasters", welche insbesondere das Thema der *Juliette* bildet, deren Titelheldin das Laster und seine Triumphe verkörpert. Kloster, Bordell, Ministerhotel, Königspalast, ja, sogar der Vatikan bilden den Schauplatz ihrer verbrecherischen Orgien, in denen wiederum die höllische Phantasie des Verfassers sich zu überbieten sucht. Die scheusslichsten Verirrungen des Geschlechtstriebes werden dort unter Strömen von Blut, unter Anwendung der raffiniertesten Marterung der unglücklichen Opfer dieser Lüste und unter gotteslästerlichen Reden und schändlichen Blasphemieen jeder Art begangen. Man lese die ausführliche Analyse dieser beiden schauerlichen Romane bei Dühren *Der Marquis de Sade* (3. Aufl. S. 351–393), deren Schluss durch den elenden Tod der armen, tugendhaften Justine und die weitere glänzende Laufbahn der lasterhaften Juliette gewissermassen die These des Ganzen bekräftigt.

Die *Philosophie dans le Boudoir* schildert in Form von Gesprächen die Erziehung eines jungen Mädchens zum Laster, wobei theoretisch und praktisch die ärgsten geschlechtlichen Ausschweifungen zur Darstellung kommen. Das Werk ist den Wüstlingen beider Geschlechter und jeden Alters gewidmet und predigt geschlechtliche Freiheit im weitesten Sinne des Wortes. Während der grösste Teil des Werkes von eigentlichen Grausamkeiten frei ist, nähert sich der Schluss ganz der Tendenz der *Justine* und *Juliette*, indem hier eine Tochter die Mutter den grausamsten Misshandlungen unterwirft, um ihre eigene geschlechtliche Lust dadurch zu erhöhen.

Wichtigste Litteratur des Sadismus

Wenn auch diese drei Schriften de Sade's selbst immer die Hauptquelle der Kenntnis des „Sadismus" bilden werden, zu dessen genauerer Definition wir alsbald übergehen, so hat doch die systematische wissenschaftliche Erforschung dieser geschlechtlichen Phänomene in den letzten Jahren eine ziemlich reiche Litteratur gezeigt, aus der wir im folgenden nur die bedeutendsten Schriften hervorheben. Vor allem ist das grosse Werk des Dr. Eugen Dühren *Der Marquis de Sade und seine Zeit* (3. Auflage, Berlin 1901) zu nennen, dessen ausserordentlicher Erfolg auf die sehr originelle Auffassung des Themas zurückzuführen ist, indem der Verfasser die Sittengeschichte der Zeit in breitester Weise zur Erklärung der Persönlichkeit und der Werke de Sade's herangezogen hat, so dass letztere nicht mehr als durchaus bizarre und isolierte Produkte dastehen, sondern als in ihrer Epoche wurzelnd erkannt werden. – Ebenderselbe Autor hat diese Auffassung des Sadismus noch weiter vertieft in seinem grossen und vielleicht noch interessanteren Werke über das *Geschlechtsleben in England*, speziell in dessen dritten Bande (Berlin 1903), wo er auf Seite 64–100 den englischen Sadismus einer ausführlichen Besprechung unterzieht und seinen Zusammenhang mit dem englischen Nationalcharakter sehr einleuchtend darlegt. Beide Werke enthalten eine Fülle äusserst interessanter Tatsachen. – Weiter kommen in Betracht A. Eulenburg *Ueber Sadismus und Masochismus* (Wiesbaden 1903; enthält ebenfalls eine Biographie des Marquis de Sade); Havelock Ellis *Das Geschlechtsgefühl* (Würzburg 1903 S. 111ff.); Iwan Bloch *Beiträge zur Aetiologie der Psychopathia sexualis* (Dresden 1903, Bd. II S. 34–118).

Definition des Sadismus

Die Verbindung von Grausamkeit und Wollust geschieht in so verschiedenen Fällen, die zum Teil sehr abgeschwächter Art sind, dass eine Definition des Sadismus als die einfache Verbindung zwischen Wollust und Grausamkeit, als Erregung des Sexualtriebes durch den Zerstörungstrieb, wie sie Lacassagne zuerst ausgesprochen hat, nicht ausreichend ist, um alle hierher gehörigen sexuellen Phänomene zu erklären. v. Krafft-Ebing, der den Sadismus neben dem Masochismus als die Grundform der psychosexuellen Perversionen überhaupt betrachtet, versteht unter Sadismus die sexuelle Befriedigung, welche dadurch erreicht wird, dass der Betreffende einer anderen Person Schmerz zufügt und Gewalt auf sie ausübt, während der Masochismus den geschlechtlichen Genuss im Erleiden vom Schmerz und Gewalt darstelle. Demgegenüber haben Autoren wie Eulenburg, v. Schrenck-Notzing, Dühren, Thoinot u. a. darauf aufmerksam gemacht, dass nicht bloss gegen andere Menschen sich die Grausamkeiten des Sadisten richte, sondern dass dieselbe auch Tiere, Leichen, leblose Objekte zum Gegenstande haben könne, dass sie sowohl in Beziehung auf den Menschen als auch auf letztere Objekte eine blosse symbolische und ideelle sein könne, indem eben das blosse Zuschauen oder die blosse Vorstellung grausamer und vernichtender Handlungen die Geschlechtslust errege. Ja, auch zerstörende Naturereignisse, wie Feuersbrünste, Ausbrüche von Vulkanen und blosse Beschädigungen des Eigentums, wie Diebstahl, sind im Stande, bei einigen Personen Wollustgefühle auszulösen. Daher kommt Dühren in dem erwähnten Werke S. 449 zu der folgenden, alle diese Erscheinungen berücksichtigenden Erklärung des Sadismus:

„Der Sadismus ist die absichtlich gesuchte oder zufällig dargebotene Verbindung der geschlechtlichen Erregung und des Geschlechtsgenusses mit dem wirklichen oder auch nur symbolischen (ideellen, illusionären) Eintreten furchtbarer und erschreckender Ereignisse, destruktiver Vorgänge und Handlungen, welche Leben, Gesundheit und Eigentum des Menschen und der übrigen lebenden Wesen bedrohen oder vernichten, und die Kontinuität toter Gegenstände bedrohen und aufheben, wobei der aus diesen Vorgängen einen geschlechtlichen Genuss schöpfende Mensch selbst ihr direkter Urheber sein kann, oder sie durch andere herbeiführen lässt, oder blosser Zuschauer bei denselben ist, oder endlich freiwillig oder unfreiwillig ein Angriffsobjekt dieser Vorgänge ist.«

Ein eifriger Leser unserer Broschüre über den Flagellantismus hat sich eine eigenartige Erklärung des Sadismus ausgedacht, die er uns bittet, zu veröffentlichen, ohne dass sein Name genannt werde. Er ist gegenwärtig ein von jeder Regelwidrigkeit des Geschlechtslebens freier, glücklicher Ehemann, dessen zahlreiche Verwandte, gleich den Eltern und Grosseltern, stets geistig wie körperlich normal waren und sind. Als Knabe und Jüngling stellte sich bei ihm bei dem Anblicke verschiedener Misshandlungen – zuerst sah er, wie Schuljungen sich prügelten – oder bei einer lebhaften Vorstellung solcher eine starke geschlechtliche Erregung bis zur Erektion und Ejakulation ein, einerlei, ob er sich im Geiste in die Rolle des handelnden oder leidenden Teiles, oder auch nur des Zuschauers versetzte. Im letzteren Falle pflegte er das lebhafteste Mitleid zu empfinden, so dass ihm ein bei M. Perty gefundener Satz: „Die Reflexe stärkeren Mitleids treten gern in den Geschlechtsteilen auf, bei reizbaren Individuen bis zu Pollutionen“ eine zeitlang als Erklärung seiner ihn befremdenden und mitunter beunruhigenden (durch Lektüre, wie z. B. *Onkel Tom's Hütte* gesteigerten) Erregbarkeit galt. Der natürliche Geschlechtsverkehr bewirkte alsbald ein Aufhören dieser krankhaften Erregungen, die sich in der Ehe nie wieder zeigten.

Nach diesen Erfahrungen an sich selbst kann der Anonymus die verbreitete Ansicht, dass das Wesen des Sadismus, die geschlechtliche Erregung durch die aktive Misshandlungen als Ausfluss eines Triebes zur aktiven Unterwerfung aufzufassen sei, nicht teilen. Seine „wollüstige" Erregung bei Misshandlungsvorstellungen war überhaupt keine geistige, sondern eine physische, und diese stellte sich bei einem am richtigsten, wie er sagt, als „antipassivistisch" zu bezeichnenden Affektzustande ein, der mit einer Art von „Schmerzlüsternheit" (Algolagnie) verbunden ist. Nach dem Anonymus passen die Bezeichnungen „Sadismus" und „Masochismus" eigentlich nur auf solche Fälle von krankhafter Geschlechtslust, die sich im wesentlichen durch den Rausch einer schrankenlos ge- und missbrauchten Macht kennzeichnen, den der Sadist für sich selbst begehrt, während ihn der Masochist einer leidenschaftlich geliebten Person anderen Geschlechts überlässt, um innerlich daran teilzunehmen. Ausser dem geistigen Rausch des Machtbewusstseins, als Erklärung des eigentlichen Sadismus und Masochismus kommt jedoch der vermutlich viel häufigere sinnliche Erregungszustand der sogenannten „Schmerzlüsternheit", d. h. der mehr oder weniger starken reflektierenden Erregung der Geschlechtsnerven durch Empfindung oder Vorstellung willkürlich erregten Schmerzes als gemeinsames Grundphänomen des vorerwähnten Pseudo-Sadismus und Pseudo-Masochismus in Betracht.

Schmerzlüsternheit und egoistischer oder altruistischer Machtrausch mögen in manchen Fällen mit einander, sowie mit dem geistigen oder sinnlichen Verhältnis der betreffenden Personen zum anderen Geschlecht verknüpft sein; am häufigsten jedoch dürfte die Schmerzlüsternheit (bzw. nach Ansicht des Verfassers der angenehm empfundene Nervenreiz des antipassivistischen Affekts) für sich allein bestehen und vollkommen ausreichen, die fast allgemeine Anziehungskraft grausamer Szenen im Leben und in der Litteratur zu begreifen, ohne dass man deswegen mit Schopenhauer und Nietzsche jedem Menschen, schon jedem Kinde einen „Trieb zur Grausamkeit" zuschreiben müsste.

Die Entstehung der Schmerzlüsternheit führt der Anonymus auf eine Art von Wesenseinheit zwischen Wollust und Schmerz zurück. – Der Misshandlungsschauder kann unmittelbar in Wollustschauder übergehen, weil beide auf gleichen oder eng zusammenhängenden Vorgängen in Gehirn und Nerven beruhen, oder es kann die Lüsternheit auf einen dem willkürlichen Schmerz an Stärke entsprechenden Genuss in die Geschlechtsorgane, als Organe des einzigen entsprechend starken Lustgefühles ausstrahlen. Bedingung für diese „algolagnistische" Erregung ist körperlich eine gewisse nervöse Uebererregbarkeit, geistig ein Uebermass des natürlichen, bewusst oder unbewusst stets regen Grundtriebes zum Suchen der Lust und Fliehen des Schmerzes (welcher Grundtrieb durch Vorstellung einer Vergewaltigung – durch Misshandlungen – wie seiner stärksten Befriedigung – zu gleich stürmischer Reaktion herausgefordert wird), aber keineswegs notwendig eine Entartung des sittlichen Empfindens oder des Verhältnisses zum anderen Geschlecht, zu dem ja jede Beziehung bei algolagnistischer Erregung im jugendlichen Alter noch fehlen kann. Die vielen jugendlichen Personen also, denen Misshandlungs-Vorstellungen (gleichmässig in der Rolle des herrschenden oder des unterworfenen Teils, oder auch nur des Zuschauers) unwillkürlich einen angenehmen Nervenreiz mit schwächerer oder stärkerer Ausstrahlung in die Geschlechtssphäre verursachen, sind noch nicht „Sadisten" oder „Masochisten". Sie fassen ihre ihnen selbst rätselhafte Erregung oft nur als Entrüstung oder Mitleid auf und suchen das damit verbundene sinnliche Lustgefühl zu unterdrücken, was auch trotz der oft vorhandenen Willensschwäche und krankhaften Neigungen zu Autosuggestionen fast immer gelingen dürfte, besonders in der Ehe.

Diese geistreiche Theorie unseres Anonymus läuft im letzten Grunde auch darauf hinaus, dass bis zu einem gewissen Grade der Sadismus eine natürliche im animalischen Leben begründete Erscheinung ist, dass er gewiss rein physiologische Elemente enthält, die als Ingredienzien der normalen Liebe zu betrachten sind.

Schon bei Tieren, denen man ja auch im allgemeinen ein bewusstes Raffinement in der Steigerung der Geschlechtslust absprechen muss, finden sich sogar Vorrichtungen am Körper, die dazu dienen, während des Geschlechtsverkehrs eine Art von Misshandlung auszuüben. Dr. Eugen Dühren citiert im zweiten Bande seines Werkes über das *Geschlechtsleben in England* eine interessante Stelle des Physiologen Burdach über diese erotischen Marterwerkzeuge der Tiere. Es heisst daselbst:

„Bei manchen Tieren finden sich eigentümliche Organe zur Reizung. So hat der Skorpion unter der Klappe der Zeugungsöffnung auf jeder Seite einen Kamm, der wahrscheinlich als Palpe dient, womit Männchen und Weibchen sich gegenseitig streicheln. Bei Helix und Parmacella findet sich in einem blinden Anhange der gemeinschaftlichen Zeugungshöhle der sogenannte Liebespfeil, ein spitziges, kalkiges, vierschneidiges Körperchen, das auf einer kleinen Warze steht; nachdem sie die Zeugungshöhle nach aussen umgestülpt haben, schleudern sie den Pfeil hervor und verwunden einander damit an irgend einer Stelle; jede Schnecke fürchtet sich davor und versteckt sich in ihr Haus, wie sie den Pfeil der anderen erblickt, bis er sie endlich unerwartet erreicht, wobei er dann abbricht, um späterhin sich von neuem zu erzeugen. Andere Tiere verwunden sich auf andere Weise: Der Hahn hackt die Hühner auf Hals und Hinterkopf, und der männliche Aguti bringt dem Weibchen eine grosse Bisswunde im Nacken bei; ebenso beisst der wilde Kater die Katze in den Nacken. Bei anderen besteht die Reizung in einem sanften Schlagen; so schlägt der weibliche Fisch mit dem Kopfe an den Hinterleib des Männchens, die Tritonen legen die Köpfe aneinander, das Männchen richtet den Kamm auf, bewegt ihn rechts und links und schlägt mit dem gekrümmten Schwanz das Weibchen; das Männchen von Salamandra exigua beugt den Schwanz nach vorn, bewegt ihn sehr schnell und schlägt dann das Weibchem damit, das von Salamandra platycauda stellt sich zur Seite, schlägt mit dem Schwanze das Wasser, nähert ihn dann dem Weibchen und schlägt es damit."

Beim Menschen existieren zwar nun keine solche natürlichen Verrichtungen zur Erregung von Schmerzempfindungen beim Geschlechtsverkehr. Jedoch beobachtet man auch bei noch nicht von der Kultur beleckten Völkern gewisse Erscheinungen bei der Vollziehung des Geschlechtsaktes, die auf eine sadistische Regung deuten, wie z. B. das Beissen und Schreien, welches im indischen Liebesleben eine so bedeutende Rolle spielt, die Raub- und Kampfehe primitiver Stämme, die das alte Wort bewahrheitet, dass jede Liebe ein Kampf sei. Sogar gewisse künstliche Vorrichtungen an den Genitalien bei wilden Völkern, wie der Ampallang der Dajaks auf Borneo, die chinesischen Glöckchen, die sogenannten „Reizringe" u. a. m. bezwecken eine Hervorrufung von Schmerz zur Steigerung des Wollustgefühles und stellen gewissermassen Nachahmungen der ähnlichen rein natürlichen Einrichtungen bei Tieren dar.

Verschiedene Erscheinungsformen des Sadismus: Ideeller und symbolischer Sadismus

Nach Lord Byron's tiefsinnigem Worte: *That pleasure is a sin and sin is a pleasure,* vermag schon die Vorstellung der Sünde an sich, insofern sie den einzelnen oder die Gesellschaft beeinträchtigt und schädigt, Lustgefühle eigener Art hervorrufen. Hierher gehört auch die Bemerkung des Larochefoucauld, dass in dem Unglücke unseres Nächsten immer etwas sei, was uns selbst angenehm berührt. Bekanntlich soll der letzte Kurfürst von Hessen an dem Unglück seiner Nebenmenschen besondere Befriedigung gefunden haben. Aus demselben Grunde bilden die Lüge, der Klatsch und die Verleumdung, Schimpfworte und Gotteslästerung eigentümliche Faktoren der Erregung für geschlechtlich ausschweifende Menschen. Dühren widmet in seinem Werke über den *Marquis de Sade* der Lüge als Begleiterin der sexuellen Perversion ein eigenes Kapitel und hebt die Lüge als charakteristische Eigenschaft der Prostituierten hervor. Die Gotteslästerung spielt in den Romanen des Marquis de Sade eine grosse Rolle als sexuelles Reizmittel. In consequenter Weise wird sie am häufigsten zu diesem Zwecke von – Atheisten angewendet. Ebenso dient die Beschimpfung von Menschen der Erhöhung der erotischen Ekstase.

Eine besondere Form des ideellen Sadismus ist auch die geschlechtliche Erregung durch blossen Anblick von Misshandlungen, worauf verschiedene, weiter unten zu berührende Kulturerscheinungen beruhen.

Endlich rechnet man neuerdings auch den Exhibitionismus zum ideellen Sadismus. Nach Naecke (*Jahrbuch für sexuelle Zwischenstufen V,* 204) weidet sich der Exhibitionist, d. h. der öffentlich seine Genitalien Entblössende, am Schreck, Unwillen oder an der Verlegenheit der Zuschauerinnen, was sexuell auf ihn wirkt, zumal wenn jene junge Mädchen sind.

Doch dürften hier auch manchmal andere Momente mit in Frage kommen.

Reeller Sadismus

Dem ideellen steht ein reeller Sadismus gegenüber, bei welchem es sich um eine wirkliche Zufügung von körperlichem oder seelischem Schmerz oder um eine sonstige Beeinträchtigung und Schädigung des Nebenmenschen durch den Sadisten selbst handelt. Auch kann, wie schon erwähnt, die Schädigung blosse Objekte betreffen.

In erster Linie steht hier die körperliche Misshandlung vor und während des Geschlechtsverkehres, in den mannigfaltigsten Formen, vom einfachen Kneifen, Beissen oder einer anderen relativ harmlosen Verletzung bis zum Morde. Hierher gehören die aus rein sadistischen Antrieben unternommenen Geisselungen und Auspeitschungen, die Marterungen mit Eisen und Feuer, die Attentate der sogenannten „Mädchenstecher", die Verletzung der Genitalien während des Coitus, Begiessung mit ätzenden Substanzen und endlich die verschiedenen grauenhaften Arten des „Lustmordes" durch Gift, Aufschlitzung des Bauches („Jack the Ripper"), Erdrosselung, ja sogar durch Kannibalismus.

Gewissermassen einen Uebergang von reellem zum ideellen Sadismus bildet die Fesselung des Individuums zum Zwecke der Steigerung des Geschlechtsgenusses, der oft schon allein durch den Anblick der gefesselten Frau ausgelöst wird.

Auch das Aussaugen von Wunden scheint in einigen Fällen die geschlechtliche Erregung hervorzurufen. Bekannt ist der Fall v. Krafft-Ebing's, in dem ein Mann mit zahlreichen Schnittwunden an den Armen behaftet war, die er sich vor jedem Zusammensein mit seiner Frau beibringen musste, welche letztere erst an solch einer Wunde saugen musste, um sexuell erregt zu werden.

Zu den sadistischen Handlungen gehören ferner auch die Beschmutzungen und Besudelungen anderer Personen zum Zwecke der Hervorrufung oder Steigerung der Libido sexualis, z. B. die bei de Sade unendlich oft vorkommende Beschmutzung mit Urin oder Kot vor oder während des Aktes. Dass auch hier der Symbolismus stark hineinspielt, lehrt der von Dr. Pascal berichtete Fall, in welchem ein junger Mann mit seiner Geliebten einzig und allein die seltsame Handlung des Schwärzens ihrer Hände mit Kohle oder Russ vornahm und die so verunstalteten Hände in einem Spiegel längere Zeit betrachtete, wobei er sich unterhielt und offenbar in diesem Anblicke allein geschlechtliche Befriedigung fand.

Der Sadismus kann sich auch gegen andere lebende Wesen als den Menschen richten. Z. B. scheinen die chinesischen Sadisten es wesentlich auf Vögel, wie Gänse und Hühner, abgesehen zu haben. Sie schneiden denselben ante oder post coitum den Kopf ab, um sich an dem Anblicke des fliessenden Blutes und der Todeszuckungen wollüstig zu berauschen. Auch in europäischen Bordellen werden derartige Dinge öfter beobachtet. Am bekanntesten ist der von Dr. Pascal berichtete Fall, wo ein Individuum Geflügel oder Kaninchen von Prostituierten in der schauderhaftesten Weise martern liess (Ausreissen der Eingeweide, der Augen usw.) und dadurch allein sexuell befriedigt wurde. Ebenso soll der russische Grossfürst Demetrius (16. Jahrhundert) seine Geschlechtslust durch den Anblick der Todeszuckungen und des fliessenden Blutes geschlachteter Tiere aufgestachelt und befriedigt haben.

Den Uebergang von dem gegen lebende Wesen gerichteten Sadismus zu demjenigen gegen leblose Objekte bildet die Schändung und Verstümmelung von Leichen. Fast immer schliesst sich an den Lustmord noch eine brutale und scheussliche Zerstückelung des toten Körpers an. In anderen Fällen erfolgt die Befriedigung sadistischer Gelüste an der Leiche allein, die sogar zu diesem Zwecke nicht selten exhumiert wird. Der berüchtigste derartige Fall ist der des Sergeanten Bertrand, Mitte der vierziger Jahre des neunzehnten Jahrhunderts, der zahlreiche frisch beerdigte Leichen ausgrub, um sie dann zu zerstückeln, die Eingeweide herauszureissen und dabei zu masturbieren, ja, in einigen Fällen sogar den Coitus mit der so zugerichteten Leiche auszuüben.

Höchst eigentümlich, aber sicher beglaubigt sind die Fälle, wo geschlechtliche Erregung durch leblose Gegenstände betreffende sadistische Handlungen hervorgerufen wird. Hierher gehören vor allem die in der Broschüre über den Fetischismus noch genau zu erörternden

Beschädigungen von Kleidungsstücken während oder zum Zwecke der Hervorrufung des sexuellen Orgasmus. Gewisse Fälle von Brandstiftung, die schon de Sade als eine merkwürdige Ursache geschlechtlichen Genusses bezeichnet, lassen sich auch in diese Kategorie einreihen. Ebenso hängt die bei Frauen periodisch vorkommende Neigung zum Diebstahl, die sogenannte „Kleptomanie" entschieden in vielen Fällen mit der sexuellen Sphäre zusammen.

Sadismus der Frauen

Die interessante Frage, ob die Frauen mehr zu sadistischen Verirrungen neigen als die Männer, beantwortet der Marquis de Sade dahin, dass die Grausamkeit der Frauen eine viel intensivere sei, als diejenige der Männer, was er als eine Folge der grösseren Energie und Empfindlichkeit ihrer Organe betrachtet. „Die überspannte Einbildungskraft macht sie wütend und verbrecherisch. Wollt Ihr sie kennen lernen? Kündigt ihnen ein grausames Schauspiel an, ein Duell, eine Hinrichtung, einen Brand, eine Schlacht, einen Gladiatorenkampf, und Ihr werdet sehen, wie sie herzuströmen. Weitere Beweise für die wollüstige Grausamkeit der Weiber liefert ihre Vorliebe für den Giftmord und die Flagellation." (Dühren 1. c. S. 432.)

Richtig ist an diesem Ausspruche, dass die Grausamkeit, wenn sie bei Frauen auftritt, oft einen viel teuflischeren Charakter annimmt als beim Manne, und dass in der Tat Weiber eine seltsame Vorliebe für grauenhafte Schauspiele aller Art haben. Aber im allgemeinen sind weibliche Sadisten seltenere Erscheinungen als männliche, da derartige Handlungen nicht in so natürlicher Weise aus dem weiblichen Charakter hervorgehen, wie aus dem männlichen, wo sie meist eine blosse graduelle Steigerung von in der männlichen Natur begründeten physiologischen Erscheinungen darstellen. Fast ausschliesslich trifft man den Sadismus bei solchen Frauen an, die überhaupt geschlechtlichen Ausschweifungen ergeben sind, bei Messalinen-Naturen wie Katharina von Medici, Elisabeth und Katharina II. von Russland und zahlreichen mehr oder weniger vornehmen Frauen, denen neuerdings v. Schlichtegroll unter der Bezeichnung *Die Bestie im Weibe* ein eigenes Werk gewidmet hat. Peskow berichtet den Fall einer 32jährigen Russin, die, besonders zur Zeit der Menstruation, von einer unersättlichen Geschlechtslust ergriffen, ihrem Manne Nadeln unter die Haut stiess, um sich an dem Anblicke der Blutstropfen wollüstig zu berauschen, was einen sehr heftigen Orgasmus zur Folge hatte.

Sadistische Kulturphänomene

Nach Havelock Ellis wird der Geschlechtstrieb durch die zunehmende Kultur komplizierter und heftiger. Die schon in dem primitiven Geschlechtsinstinkte vorhandenen Erscheinungen treten schärfer und raffinierter hervor, so auch der Sadismus. Die Kultur überhaupt steigert ja das Erregungsbedürfnis des Menschen in vielfacher Beziehung (vergl. die Einleitung zu unserer Schrift über den Flagellantismus), welches gewissermassen jeder höheren Kultur „natürlich“ ist. So treten die stärkeren Reizungen des Geschlechtslebens in diesen natürlichen Entwickelungsprozess ein, und wir müssen jedenfalls bei ihrer Verdammung im Auge behalten, dass sie ähnlichen Kulturzwecken dienen, wie die masslosen Erregungen auf politischem Gebiete.

Da dieses Erregungsbedürfnis in Zeiten einer höheren Zivilisation vielfach sinnlicher Natur ist, so hat es leicht Grausamkeiten zur Folge, die mehr oder wenig innig mit dem Geschlechtstriebe zusammenhängen. Auch spielt bei diesen Kulturerscheinungen der Volkscharakter eine bedeutsame Rolle. Man vergleiche darüber die Ausführungen von Dühren (*Das Geschlechtsleben in England*, Bd. III

S. 64ff.). Die alten Römer neigten mehr zu diesen Dingen als die Griechen, die Engländer in unserer Zeit mehr dazu, als die übrigen germanischen Völker. Ebenso sind die Inder mehr dafür prädestiniert. Es scheint, dass eine kalte Verstandesrichtung mehr dieser künstlichen Erregungen bedarf, als ein mehr im Gemüte wurzelndes Volksleben.

Wir wollen in Kürze auf einige dieser „sadistischen Kulturphänomene" hinweisen.

Welch' eine jauchzende Grausamkeit lag nicht in dem Jubelrufe der Zuschauer: „Er hat's!", wenn bei den römischen Gladiatorenkämpfen ein Fechter getroffen war, welch' ein brutaler Appell an die sadistischen Instinkte derselben war nicht die ihnen überlassene Entscheidung, ob ein überwundener Gladiator getötet werden sollte oder nicht, was durch Erheben (in negativem) oder Wenden des Daumens nach unten (in positivem Sinne) entschieden wurde. Nicht selten ertönte aus den Reihen des mordgierigen Volkes der Ruf: „Töte, peitsche, brenne!", wenn es sich um die Bestrafung eines zaghaften Fechters handelte.

Noch scheusslicher waren die theatralischen Hinrichtungen durch wilde Tiere, bei welchen Menschen im Amphitheater, teils an Pfähle gebunden und völlig wehrlos, teils zur Verlängerung ihrer Qual mit Waffen versehen, den wilden Bestien überliefert wurden, die zuweilen überdies zum Menschenfressen abgerichtet waren. Und dies alles als Theaterszene!

Bezeichnend ist, dass Ovid solche Schauspiele, in denen man sich am Anblicke von Mord, Hinrichtung und schauerlichen Qualen ergötzt, zur Förderung von Liebesverhältnissen besonders empfahl! (Ars amandi, I, 164ff.).

In der Neuzeit entsprechen diesen blutigen Schauspielen einigermassen die Stierkämpfe in Spanien und die öffentlichen grausamen Hinrichtungen, die bis zum Anfange des 19. Jahrhunderts die Quelle eines seltsam-wollüstigen Genusses für Tausende waren. Die unheimliche Anziehungskraft dieser blutigen Schauspiele spiegelt sich wieder in den Volks- und Bänkelliedern, mit denen diese Hinrichtungen gewissermassen poetisch verklärt und noch im Worte dem Jahrmarktspöbel schmackhaft gemacht wurden. Hinrichtungen gestalteten sich oft zu wahren Volksfesten. Besonders krass trat dies in England zu Tage, worüber Dühren im dritten Bande seines *Geschlechtsleben in England* (S. 67) eingehende Mitteilungen macht. Man mietete sich dort zu den Exekutionen in Tyburn und Newgate Plätze wie zu einem Hahnenkampfe und Preisboxen. Eine englische Dame schilderte um 1850 einem deutschen Schriftsteller diese Zustände folgendermassen: „Die Fenster der Umgebung werden für teures Geld vermietet, Schaugerüste aufgeschlagen, Buden mit Esswaren und Getränken in der nächsten Nähe aufgepflanzt; Bier und Branntwein gehen zu vollen Preisen ab; meilenweit kommen sie gelaufen, geritten und gefahren, um das menschenschänderische Schauspiel zu sehen; und in vorderster Reihe die Frauen, meine Landsmänninnen, nicht etwa bloss die Weiber ärmerer Klassen, auch feine, zarte, blonde Köpfe." Bei der Hinrichtung auf dem Lande kam es oft unter der von weit und breit herbeigeströmten Landbevölkerung zu einem wahren Karneval von Ausschweifungen. Einzelne Individuen bekundeten oft noch speziell durch den eigentümlichen Eifer, mit dem sie kein Schauspiel dieser Art versäumten, dass ein sadistischer Instinkt, die Begierde nach einer ihnen oft selbst rätselhaften Wollust sie dazu antriebe. Solche Amateure waren, wie Dühren l. c. berichtet, bisweilen Personen aus vornehmem Stande, wie George Selwyn, der sogar zur Hinrichtung des Damiens im Jahre 1757 nach Paris reiste, James Boswell, der Schriftsteller und Biograph Johnson's u. a. Hector France berichtet sogar von einem englischen Edelmanne, der freiwillig oft das Amt des Scharfrichters übernahm und mit besonderem Genusse Frauen vom Leben zum Tode beförderte. Eine ähnliche Rolle als Volksbelustigungsmittel spielten die Hinrichtungen in Frankreich (vergl. Dühren *Der Marquis de Sade* S. 248ff.). Bei der schauerlichen Marterung und Exekution des Königsmörders Damiens am 28. März 1757, der eine ungeheure Menschenmenge, darunter zahlreiche Frauen, beiwohnte, die sich vier Stunden an den entsetzlichen Qualen des Unglücklichen berauschte, ereigneten sich echt sadistische Szenen. U. a. schildert Casanova die wollüstige Ekstase einiger männlicher und weiblicher Zuschauer bei dieser Hinrichtung. – Als non plus ultra des Genusses dieser Art preist der Marquis de Sade in seinen Schriften wiederholt den Anblick der Hinrichtungen von Bekannten, Freunden und solchen Menschen, die man seit längerer Zeit kenne.

Eine ähnliche Anziehungskraft wie Hinrichtungen üben die öffentlichen Misshandlungen von Menschen aus, wie die Auspeitschungen, deren sadistische Wirkung in der bekannten Erzählung *Lenchen im Zuchthause* geschildert wird, das Prangerstehen, das besonders in England zu scheusslichen Insulten führte u. a. m.

Eine eigentümliche Beziehung zwischen Tötung und Wollust darf auch in dem merkwürdigen Umstande erblickt werden, dass in Frankreich der Scharfrichter im Mittelalter die Aufsicht über die Freudenhäuser und die bei Hofe angestellten öffentlichen Mädchen hatte.

Ferner lassen sich mit Sicherheit sadistische Elemente nachweisen in den spezifisch mittelalterlichen Institutionen der Inquisition und der Hexenprozesse. Schon die allgemeine Anwendung der Inquisition lässt sich nur aus tiefeingewurzelten grausamen Instinkten der Menschennatur erklären, deren sadistischer Charakter besonders dann hervortrat, wenn Fremde, oft Männer und Frauen vornehmen Standes, der peinlichen Frage beiwohnten. Jakob I. von England soll dieser seltsamen Begierde mit Vorliebe nachgegeben haben.

In den Hexenprozessen ist um so weniger ein sadistischer Faktor zu verkennen, als diese sich ausschliesslich gegen das weibliche Geschlecht richteten und meist die Folterung und Hinrichtung mit den obscönsten Erörterungen geschlechtlicher Dinge verknüpften.

Im Zusammenhang mit den Hexenprozessen stand ein weiteres sadistisches Kulturphänomen des Mittelalters, der sogenannte Satanismus, d. h. die Verhöhnung Gottes und der kirchlichen Gebräuche in Verbindung mit geschlechtlichen Ausschweifungen. Die Esels- und Narrenfeste des Mittelalters tragen schon diesen satanischen Charakter, der sich in eigenen Sekten noch schärfer aussprach. So fröhnten die Geheimbünde der „Vollendeten" der obscönsten Geschlechtslust, die mit einem glühenden Hasse gegen die christliche Lehre, mit Schändung der heiligen Geräte und Kirchen einherging, welche in der sogenannten „schwarzen Messe", einer obscönen Parodie der eigentlichen Messe den Gipfelpunkt erreichte, wobei Männer und Weiber sich den scheusslichsten geschlechtlichen Ausschweifungen ergaben.

Gewisse Ausschreitungen des Klosterwesens und der religiösen Mystik gehören ebenfalls hierher. (Disziplin, Klostergräuel in alter und neuer Zeit u. a.) Die Geschichte der „Gekreuzigten von Wildisbuch" ist ein lehrreiches Beispiel für die wunderbare Verknüpfung von Pietismus, Geschlechtslust und Grausamkeit. Auch der antike und mittelalterliche Glauben an Wärwölfe und Vampyre lässt mit voller Deutlichkeit gewisse sadistische Grundzüge erkennen, besonders wenn die tierisch-menschlichen Wesen ihre Angriffe gegen Personen des anderen Geschlechts richten. Eine Verschärfung dieser Vorstellung erblicken wir in dem Berichte über den Kaiser Nero, der sich mit dem Felle eines wilden Tieres bedeckte, wenn er seine Liebeswut sättigen wollte. Aehnliche Szenen schildert der Marquis de Sade.

Aehnlich motiviert sind kannibalische Gelüste, die nicht selten den Lustmord begleiten. Ja, der Kannibalismus der Wilden scheint, sobald er sich gegen geliebte oder befreundete Personen richtet, was nicht selten vorkommt, einer gewissen sadistischen Grundlage nicht zu entbehren. Ein drastisches Beispiel ist jener Italiener, der zahlreiche junge Mädchen ermordete, um geschlechtliche Befriedigung zu erlangen. [Gemeint ist Verzeni; Anmerkung der Herausgeber.] Bisweilen scheinen Lustmörder im Schlürfen des Blutes ihrer Opfer einen wollüstigen Genuss zu finden.

Der Giftmord dürfte in jenen Fällen sadistischen Instinkten entspringen, wo geschlechtlich ausschweifende Weiber ihn häufig ohne andere Motive begehen, als aus Freude am Morden und an der Beobachtung des Dahinsiechens, der Qualen und Todeszuckungen ihrer Opfer.

Die Soldatenmisshandlungen sind oft so eigentümlicher Natur, dass sie gleichfalls den Verdacht des Sadismus erwecken. So wurde am 30. Juli 1903 vom Oberkriegsgericht gegen den Sergeanten W. vom 92. Infanterie-Regiment verhandelt, der seine Leute oft in seltsamer Weise misshandelte. Er holte sie z. B. abends aus dem Bette und liess sie in diesem Zustande auf der Stube Klimmzüge machen. Viele Rekruten wurden in schmerzhafter Weise von ihm an den Genitalien gebürstet.

Als ein sadistisches Kulturphänomen kann auch die merkwürdige Deflorationsmanie in England betrachtet werden, über welche Dühren im ersten Bande seines *Geschlechtsleben in England* ausführlich berichtet. Diese Sucht, junge, unberührte Geschöpfe zu vergewaltigen, trägt offenbar typisch sadistischen Charakter.

Auch der neue Kontinent weist solche Züge auf. Hierher gehört die Lynchjustiz, an der sich oft Weiber und Dirnen beteiligten, die übrigens auch im europäischen Russland nicht unbekannt ist, wie aus Dostojewski's genialer Schilderung einer solchen Szene in den *Gebrüdern Karamasow* hervorgeht; die Sklavenjagden, bei denen sich z. B. auf Isle de France, ebenfalls oft Frauen beteiligten, die Marterung bei den Indianern u. a. m.

Endlich scheinen gewisse gewaltsame kulturelle Störungen, vor allem die Revolutionen, die sadistischen Instinkte mit Vorliebe auszulösen, zu steigern und durch psychische Ansteckung zu einer Massenverbreitung zu bringen. Man kann sagen, dass die Lust an der Niedermetzelung die Vorbedingung jeder gewaltsamen Umwälzung ist. Die grosse französische Revolution liefert hierfür drastische Beispiele in Menge.

Es liessen sich gewiss noch mehr Umstände ausfindig machen, um Nietzsche's oben angeführten Ausspruch von der tiefen Versetzung aller Kultur mit Grausamkeit zu bewahrheiten. Doch dürfte das Mitgeteilte ausreichen, um die Wirksamkeit dieser sadistischen Elemente im Kulturleben nachzuweisen.

Justine und Juliette

oder

Die Gefahren der Tugend

und

Die Wonne des Lasters.

Kritische Ausgabe nach dem Französischen

des

Marquis de Sâde.

Leipzig.
Carl Minde.

1. *Das Buch Justine und Juliette.*

Wie viele meiner Leser wird der Titel dieses Buches täuschen, da sie wahrscheinlich glauben werden, ich dächte daran, ihnen das infamste aller Werke, die jemals eine ausschweifend krankhafte Phantasie geschaffen, wenn auch nicht Wort für Wort übersetzt, so doch entweder im Auszuge oder eine Aehrenlese daraus zu bringen, was mir wahrhaftig nicht im Sinne liegt. Ich hielte mich für nicht viel besser, als den ursprünglichen Verfasser, wenn ich die Verruchtheiten, die in *Justine und Juliette* enthalten sind, weiter verbreiten und das Gemüth und die Seele meiner Leser damit vergiften wollte.

Der Zweck der Herausgabe dieses Buches ist ein doppelter: der erste und vorzüglichste ist der eines jeden Moralarztes, die Gefährlichkeit einer solchen Lektüre darzuthun und auf die Folgen hinzuweisen, die das Lesen derartiger Bücher nach sich zieht, nicht nur für den Leser selbst, sondern für den Staat, dessen Mitglied jeder Mensch ist. Der zweite Zweck ist der, anzugeben, welche Gegengifte anzuwenden sind, um dieser Pest auszuweichen oder, wenn Jemandem das Unglück widerfahren, von ihr wirklich behaftet zu sein, sie wieder los zu werden, mit einem Worte, dieses Buch soll gleichzeitig als Präservativ und als Arzneimittel dienen.

Da die französische Literatur durch Uebersetzungen in andere Sprachen, mithin auch in die deutsche, die verbreitetste ist, so ist es kaum möglich, daß der Titel des infamen Romans *Justine und Juliette* irgend einem Leser als Citat in den französischen belletristischen Werken nicht aufgefallen wäre. Ich berufe mich blos auf zwei Romane, in welchen dies geschieht; in des älteren Dumas *Gott lenkt (Dieu dispose)* und in Fréderic Souliés *Memoiren des Teufels*. Das Montépin, Mery, Alfred de Musset, Balzac, Sue, Capendu, Ponson du

---

Hinweis des Verlags: Orthographie und Zeichensetzung folgen dem Original von 1874.

Terrail und über Alle der Vergötterer des Lorettenthums, der jüngere Dumas, mehre ihrer Sophismen diesem verruchten Buche entlehnt, ist eben so gewiß.

Es ist eine durchaus irrige Annahme, wenn man glaubt, es existirten von diesem Buche nur noch wenige Exemplare – obwohl ich nicht behaupten will, daß davon zu viele vorhanden sind, doch immer noch mehr, als man allgemein glaubt und es für die Moralität der Menschen ersprießlich ist.

Ich zählte erst zwanzig Jahre, als mir einer meiner Schulkameraden – ein Jüngling, der um ein Jahr jünger war als ich – die vier letzten Bände dieses Romans, die er der Büchersammlung seines Oheims, eines reichen Privatmannes und berühmten Raritätensammlers entlehnt – zeigte. Ein Jahr später fand ich es in der Büchersammlung eines berühmten homöopathischen Arztes, Paul von B–g, zu Pesth – alle zehn Bände mit 100 Kupferstich-Illustrationen – erste pariser Originalausgabe.

Der erste der beiden Herren, Franz von P–y, mein Schulkamerad, sagte mir darüber so viel, daß dieses Buch sogar von Robespierre während der Revolution verboten und confiszirt worden, weil es, wie Robespierre sich ausdrückte, „ein Verbrechen gegen die Natur und die Menschheit" war.

Ob einige wenige oder mehre Exemplare dieses Buches der Confiscation und dem Autodafé entkommen, ist nicht ganz gewiß, denn im Jahre 1797 zur Zeit des Directoriums, fand ein zweites Autodafé obscöner Bücher statt; ob sich *Justine und Juliette* auch darunter befunden, weiß man nicht, gewiß aber ist es, daß in den Jahren 1796 und 1799 in Leyden ein Nachdruck dieses Buches in zwei Auflagen, obschon in einer geringen Zahl von Exemplaren, herausgegeben wurde. Es verbreitete sich von hier überall in Europa und auch in Amerika, die Kupferplatten aber entgingen jedesmal dem Schicksale, welches dem Buche von den Behörden zugemessen war. Daher mag es vielleicht kommen, daß die Abbildungen selbst weniger selten sind, als das Buch.

Während meines 6 monatlichen Aufenthalts in Paris im Jahre 1842, erwähnten mehre meiner dortigen Bekannten, namentlich der ältere Dumas, Alfred de Musset, Madame Dudeffant (George Sand) und ein berühmter Künstler, gegenwärtig dem geistlichen Stande angehörend, dieses Buches. Ich selbst fand es in der Bibliothek des Louvre. Es gehörte in die Kategorie jener Bücher, zu deren Lesen man eine specielle Ordre der Polizeipräfektur benöthigte.

In den Fünfziger Jahren befand ich mich in London, allwo ich das Buch neuerdings zu Gesicht bekam. Es lag auf in der Holywellstreet bei einem Antiquarbuchhändler, dessen Büchervorrath schon mehre Male durch Confiscation gelichtet worden war. Ich fand eben dort auch andere höchst seltene Bücher, nicht nur obscönen, sondern auch politischen Inhalts, zumeist aus der Epoche der Encyklopädisten.

An demselben Tage, an welchem ich das Buch *Justine und Juliette* in der Holywell Street entdeckt, wurde neuerdings eine polizeiliche Durchsuchung in den Antiquariatsladen gehalten und das verpönte Buch confiszirt und verbrannt. Ich erwähnte in einer Gesellschaft von Gentlemen, daß ich das Buch, ehe es confiscirt worden, im Schaufenster gesehen. „Verdammt", rief einer der Cavaliere aus, „ich habe meinem Kammerdiener den Auftrag gegeben, mir die *Justine* um jeden Preis zu verschaffen und jetzt confiscirt man sie." Da ich den Antiquar, dem der Unfall begegnet war, genau kannte, begab ich mich nach einiger Zeit zu ihm und sagte: Lord A–n habe mich beauftragt, für ihn das Buch *Justine* anzukaufen. „Fünfzig Guineen", entgegnete der Antiquar, „das einzige und letzte Exemplar in den Händen eines Privatmannes. Ich hatte noch ein zweites, es ist aber von den Spionen der Scotland Yard aufgefunden und vernichtet worden. Ist es Mylord gefällig, so viel für das Buch auszulegen, dann behalte ich es für ihn bis heute Abend, wenn aber morgen Jemand kommt, um es zu kaufen, schlage ich's los". Lord A–n befand sich auf dem Lande in Schottland. Ich telegraphirte ihm und erhielt die Antwort, das Buch sollte gekauft werden, gleichzeitig sandte er auf telegraphischem Wege eine Anweisung auf seinen Bankier, damit dieser mir den Betrag einhändige.

Lord A–n blieb noch 16 Wochen in Schottland und in dieser Zeit hatte ich Muße das Buch durchzulesen und mir sogar Auszüge aus demselben zu machen.

Obschon ich nicht sagen kann, es thäte mir leid dieses greuliche Buch gelesen zu haben, so kann ich nicht umhin zu gestehen, daß das Lesen desselben nicht jenen Eindruck hervorbrachte, den man davon zu erwarten glaubt. Es füllte mich mit Schauder und Entsetzen, andererseits aber betrauerte ich, daß ein Mensch von so viel Talent, ja sogar Genie, mit einer so fruchtbaren Phantasie begabt, seine Geistesschätze so übel angewandt hatte, um ein solches Buch zu schreiben. Es ist nämlich gewiß, daß der Styl dieses Romans wahrhaft hinreißend ist, ja, es befindet sich in dem Ganzen etwas so Blendendes, Anziehendes, daß man wirklich mit der Salbe der Blasirtheit dicht bestrichen sein muß, um davon nicht aufgeregt zu werden, obschon es nicht zu leugnen ist, daß es jeden Menschen, in dem nicht schon der letzte Funken edleren Gefühls ausgestorben ist, viel mehr mit Ekel und Abscheu erfüllen muß, als daß es ihn zu sinnlichen Genüssen aufregen könnte. Gleichwie jede allzustarke Berührung unserer Nerven Schmerzen verursacht, obschon sie – als sie eine leise gewesen, – denselben Wonne verursacht hatte, so verursacht auch das Lesen dieses Romans einen so heftigen moralischen Schmerz, daß man darüber das allenfallsige angenehme Gefühl, welches durch die Eleganz des Styls, den herrlichen Vortrag verursacht worden ist, vergessen muß. Immerhin ist es ein Buch einzig und unübertroffen in seiner Art, ein gräßliches Monstrum in der Erhabenheit seiner Verworfenheit.

2. *Die De Sâde.*

Es wird meinen Lesern nicht uninteressant scheinen, Einiges aus der Lebensgeschichte des Verfassers eines Buches zu kennen, das seiner Enormität wegen eine Sensation gemacht, wie beinahe kein anderes.

Der Marquis Charles Louis de Sâde stammt aus einem der ältesten Geschlechter Frankreichs, aus der Normandie. Seine Familie leitet ihren Ursprung bis auf die Invasion der ersten Normannen hinauf, zu denen sie ebenfalls gehörte. Sie nahmen sehr bald die christliche Religion an und lieferten den Dynastien der Carolinger, der Capets, der Valois und der Bourbons viele ausgezeichnete Männer sowohl als Kriegshelden so wie auch dem Clerus.

Zur Zeit der Regenschaft Philipps von Orleans, während der Minderjährigkeit Ludwigs XV., büßte der Vater unseres Verfassers der *Justine* den größten Theil seines Vermögens zufolge des ersten großen Mississippiminenschwindels unter der Anwartschaft des berüchtigten John Law ein. Immerhin behielt er noch ansehnliche Güter in der Normandie und in der Picardie und um seinen zerrütteten Vermögensverhältnissen aufzuhelfen, verheirathete er sich mit einer Dame tief unter seinem eigenen Stande, einer getauften Jüdin, der Witwe eines steinreichen Amsterdamer Handelsmannes.

Der ältere Marquis de Sâde hatte von seiner ersten Gattin, einer gebornen Herzogin von Liancourt, zwei Kinder, einen Knaben, den nachmals berüchtigten Verfasser des Romans *Justine und Juliette*, und eine Tochter, Camilla, nachmals Gräfin de Bray. Der Vater selbst hatte einst in der Armee gedient und es bis zum Rang eines Obersten gebracht, er machte die Feldzüge unter Villeroy, Villars und Bendôme mit, ward in der Schlacht bei Ramillies schwer verwundet und kehrte auf sein väterliches Schloß zurück, um nicht wieder ins Feld zu ziehen. Er war nämlich unzufrieden, daß er nicht höher avanciren konnte und ihm das Ordensband des heiligen Geistes von Ludwig XIV. verweigert wurde. Die morganatisch angetraute Gattin des Königs hatte diesen so sehr unter dem Pantoffel, daß dieser Niemanden auszeichnen und begünstigen durfte, wider den Madame Maintenon eingenommen war. Man munkelte etwas darüber, Sâde habe sich einmal damit gebrüstet, als hätte ihn die allmächtige Dame einst begünstigt, welche Prahlereien ihr dann zu Ohren kamen und sie verzieh ihm diese niemals.

Der jüngere Bruder des älteren de Sâde gehörte dem geistlichen Stande an, er verließ später die weltliche Kaste, um in den Orden der Jesuiten zu treten und als solcher gehörte er später zu den Günstlingen der Marquise de St. Prie und der beiden Minister Bourbon und Fleury. Er verstand es sehr gut zwischen zwei Wässern zu schwimmen und erlauschte den richtigen Moment, in welchem er der untergehenden Sonne Lebewohl sagte, um sich der aufgehenden zuzuwenden. Er verrieth Bourbon an Fleury, um sich bei dem Letzteren einen Einfluß zu sichern.

Sowohl der Vater wie der Oheim Charles Louis' waren sehr schöne Männer und von ihren Eroberungen unter der Damenwelt bekannt, welche dem Ersteren so manche Duelle zuzogen. Die Gräfin de Bray gehörte zu den galantesten Damen von Paris und die Höflinge lagen insgesammt zu ihren Füßen.

Mit solchen Beispielen vor und um sich konnte auch aus Charles Louis nichts anderes werden als ein Roué, was er denn auch wurde.

3. Jugend des Marquis de Sâde.

Der jüngere Sâde erhielt eine seinen glänzenden Geistesanlagen entsprechende Erziehung. Sein Vater war sowohl auf die äußere Erscheinung wie auf die Fähigkeiten seines Sohnes sehr eitel. Der junge Vicomte, als Sohn seines Vaters führte er den Titel eines Vicomte, während den Lebzeiten des Letzteren – war von so außergewöhnlicher Schönheit, daß alle Damen, die ihn erblickten, selbst als er noch ein Knabe war, stehen blieben, um ihn zu bewundern. Mit seinem reizenden Aeußeren verband er eine natürliche Anmuth in allen seinen Bewegungen und sein Organ war so wohlklingend, daß schon seine Stimme allen Frauen ins Innerste ihres Herzens dringen mußte.

Sein Vater ließ ihn stets nach der neuesten Mode gekleidet einhergehen und die damalige Rococotracht hob noch die glänzende Erscheinung des jungen Mannes mehr hervor. Wer weiß ob der Verfasser der *Justine und Juliette* unter anderen Verhältnissen ein solcher Ausbund der Verruchtheit geworden wäre und ob er den Damen so sehr auffiele in der geschmacklosen Tracht unseres Zeitalters.

Der junge Mann war seit frühester Kindheit ein Bücherwurm und gründete sich so zu sagen ein eigenes philosophisches System auf ausgebreitetst epikuräischer Basis. Neben seinen Schulstudien lag er den schönen Künsten ob; er war ein tüchtiger Musiker, ein gewandter Tänzer, Fechter und versuchte sich auch in Bildhauerei. Er brachte ganze Tage in den Gemäldegallerien, namentlich in jenen des Louvre, von Fontainebleau und Versailles zu, wodurch sein künstlerischer Geschmack immer mehr ausgebildet wurde.

Jeder Menschenkenner würde es errathen haben, wohinzu sich der Geschmack des jungen Mannes neigte. Während er beinahe kalt und ungerührt an Gemälden, deren Gegenstände Landschaften, Thier- oder Seestücke und Heilige waren, vorüberging, wenn sie auch von dem Pinsel eines Poussin, Tizian, Correggio oder Rafael gemalt waren, so fesselten ihn mythologische Gruppen auf der Leinwand und in Marmor um so mehr und man konnte seine Aufregung beim Anstaunen solcher Gemälde und Statuen leicht erkennen.

Der Bruder seines Vaters, jener Jesuit, dessen ich bereits erwähnt, erkannte in seinem Neffen am ehesten sowohl die herrschenden Leidenschaften und Neigungen, wie auch das Talent, welches der Jüngling besaß. Diese Neigungen und Talente weiter auszubilden und auf die höchste Stufe zu potenziren, machte sich der kuttenträgerische Schlangenfuchs zur Aufgabe. Er erbat sich den Vicomte von dessen Vater, um ihn in die Politik einzuführen und der junge Cavalier folgte seinem Oheime willig nach dem Kloster der Jesuiten zu Noisy-le-Sec.

Der Vicomte blieb volle drei Jahre im Jesuitenkloster. Er lernte hier noch viel mehr als im elterlichen Hause und im Collegium zu Paris. Er hatte Lust und Muße dazu. Die Väter des Jesuitenordens behandelten ihn höchst liebevoll, wie sie dies mit jedem ihrer Schüler zu thun pflegen, der eine oder mehre oder gar alle jene Eigenschaften besitzt, die es für den Orden für wünschenswerth machen, einen Proselyten für sich zu gewinnen. Man sagt, diese Haupteigenschaften seien: Reichthum, Schönheit und Geist. Wenngleich die de Sâde nicht mehr so reich waren, wie sie ehedem gewesen, so war ihr Vermögen immer noch ein ansehnliches, um den heiligen Vätern dessen Besitz wünschenswerth erscheinen zu lassen. Man bemühte sich also ihn zu bereden, daß er in den Orden trete. Der einzige Mensch unter den Klosterbrüdern, der dagegen war und den Vicomte davon abredete, war eben sein Oheim. „Du mußt Dir einen Namen in der Welt machen. Diese Leute sind zu sehr Egoisten, sie wollen durch Dich gewinnen. Ich aber, als Dein nächster Verwandter, sage Dir, Du sollst für Dich groß werden. Hier wird der Grundstein Deiner Größe gelegt werden, das Gebäude selber soll aber in die Welt hinausragen. Du besitzest zwar keine solche Schätze, um Dir derartige Genüsse zu verschaffen, wie sie sich Dir hier bieten, die Du so zu sagen gratis haben würdest, Du kannst sie Dir aber durch Deine Talente schaffen, nicht aus Deinem, sondern aus dem Beutel anderer Menschen, die Du regieren wirst."

Man sieht, daß es unter den Jesuiten Männer giebt, die auch individuell genommen Egoisten waren. Daß der Oheim Sâde seinen Neffen mehr geliebt als den Orden und daß diese Liebe im Herzen des Jünglings einen Wiederhall fand, ist gewiß.

Das Buch *Justine und Juliette* ist eigentlich nichts als eine Autobiographie des Marquis de Sâde selbst und wer seine

Lebensgeschichte kennt, wird im Helden des Romans sofort den Verfasser desselben leicht erkennen.

Indem ich hier die wirkliche Lebensgeschichte des Verfassers von *Justine und Juliette* meinen Lesern zum Besten gebe, thue ich nichts anderes als die Urbilder dieses Romans und die Haupthandlung selbst im Auszuge mittheilen und zwar mit allen Auslassungen solcher Scenen und Handlungen, deren Lesen jeden Leser von nur halbwegs menschlichen Gefühlen empören müßte.

Wenn einem meiner Leser das Unglück widerführe, daß er – ohne so gepanzert gegen alle moralische Ansteckung zu sein, wie man es wird, wenn man den wirklichen Himmel und die wirkliche Hölle so studirt hat, die in uns selbst wohnen, der erstere die innere Seelenzufriedenheit, die andere das durch die Göttin Nemesis personificirte peinliche Gefühl, wie dies ein jeder Menschenkenner, Physiolog und Philosoph thun sollte, – das Buch *Justine und Juliette* in die Hand bekommt und die Geduld und Stärke hat es durchzulesen, wird unter den im Romane vorkommenden Persönlichkeiten auch den Oheim de Sâde's, im Pater Vitin, und die Gräfin de Bray in Juliette erkennen, sobald er sich die Mühe nimmt das gegenwärtige Buch durchzulesen. Ich wage es jedoch zu hoffen, daß ihn dieses letztere auch dann noch interessiren mag, wenn er das verruchte Werk selbst – wie es auch kaum zu vermuthen ist – niemals zu Händen bekommt.

Es ist sehr wahrscheinlich, daß die schlauen Jesuiten die Gegenminen, die der Oheim Sâde gegraben, entdeckten, denn sie änderten nach und nach ihr Benehmen sowohl gegen den jungen Vicomte, wie auch gegen seinen Oheim, so daß dieser letztere das Kloster zu Noisy-le-Sec verließ und seinen Neffen mit sich nahm.

Onkel und Neffe bereisten hierauf die Niederlande, England, Spanien und Italien und kehrten erst nach empfangener Nachricht vom Ableben des älteren Sâde nach Frankreich zurück, der Neffe um sein Erbe in Empfang zu nehmen.

4. *Justine, das Urbild eines tugendhaften Weibes.*

Es giebt vielleicht keinen weder so rohen, noch so ausschweifenden und lasterhaften Menschen, der nicht Momente in seinem Leben gehabt, in welchem edlere Gefühle sich seines Gemüths bemächtigt hätten und er wirklich zum Ebenbilde Gottes wurde.

Man weiß es nur zu gut, was es zu bedeuten hat, drei Jahre unter Jesuiten zuzubringen. Hier wird der Epikureismus mit dem ekelhaftesten Beigeschmacke des Cynismus in höchster Potenz gepredigt.

In Marokko und den übrigen nordafrikanischen barbarischen Staaten werden schwere Verbrechen in einer wahrhaft teuflischen Weise bestraft. Der Verurtheilte kann sich nur in einer Weise vom schrecklichen Hungertode retten, wenn er seinen Ekel überwindet, Geierfleisch, die einzige Nahrung, die er erhält, zu genießen. Er überwindet wirklich seinen Ekel und thut es. Eben so ist es bei einem Menschen, dem keine andere Wahl bleibt, als entweder ein pennsylvanisches Zellengefängnis, eine Karthause mit ewigem Schweigen oder eine moralisch ekelhafte Geistesnahrung. Er gewöhnt sich an die Letztere vielleicht noch eher als der Marrokkaner ans Geierfleisch und wird nicht daran sterben, ja, so stark ist manchmal die psychische Natur des Menschen, daß man sich an jeden moralischen Unflat gewöhnt und zuletzt sogar Geschmack daran findet, wie es abnorme Organisationen giebt, die an den durchdringendsten üblen Gerüchen, an Dünger, gesottenem Talg, Hirschhorn, Salmiakgeist, stinkendem Aas usw. Etwas entdekken, was ihren Geruchsorganen angenehm erscheint. Wiewohl es andererseits auch Menschen von zarterem Organismus giebt, die der Ekel tödtet oder – bei moralischem Ekel – die dadurch wahnsinnig werden.

Trotz einer solchen moralischen Abstumpfung bleibt doch ein kleines Plätzchen in der Seele des Verruchtesten, welches auch das Bild des Reinen, Hehren, Edlen und Erhabenen gleichwie daguerrotypisch in sich aufnimmt.

Dies war namentlich bei dem jungen Marquis de Sâde der Fall. Während seiner Rückkehr nach Frankreich hatte er auf der Diligence ein Fräulein erblickt, das einen so starken Eindruck auf seine Seele machte, daß er vom ersten Augenblicke an ganz von ihr eingenommen war. Sie war eine Französin aus Burgund, eine Protestantin, deren Vater ein Opfer der Widerrufung des Edikts von Nantes geworden war. Ihre Mutter, die mit ihr reiste, hatte ihr, gleichwie Hamilkar es mit Hannibal gethan, den Eid der Rache und des Hasses wider alle Katholiken abgenommen, mithin war sie für den jungen Marquis ein unerreichbares Gut, von jenem Augenblicke an, in welchem sie hörte, wie dieser seinen Begleiter, der das Jesuitengewand auch auf der Reise trug, Oheim nannte.

Trotz allen ungünstigen Umständen hatte der junge Marquis einen so mächtigen Verbündeten seiner Liebe in seiner Schönheit und in seinem feinen Benehmen, daß auch die durch den Eid des Hasses und das Andenken an das Märtyrerthum ihres Vaters gewappnete Dame nicht ganz kalt und gleichgiltig bleiben konnte, als der junge Cavalier sich ihr mit den Geschossen seiner Augen und dem Wohlklange seiner Stimme zu nähern begann. Er nahm es an dem Wechsel der Farbe in ihrem Antlitze, ja selbst an ihrer Stimme wahr, daß er in seinem Aeußeren einen mächtigen Fürsprecher bei ihr getroffen.

Doch währte dies nur so lange, bis sie ebenfalls Zeit fand, die Vertheidiger ihrer Tugend aus dem Innern ihrer Seele zu Hilfe hervorzurufen, die auch nicht säumten, zu rechter Zeit zu erscheinen.

Mademoiselle Aroût wohnte in Paris, wohin sich der Marquis ebenfalls begab. Sie war nicht nur ihm sondern auch anderen Cavalieren als eine Schönheit ersten Ranges aufgefallen und die Reichsten unter ihnen bewarben sich um ihre Gunst. Der Adonis von Paris, der galante schöne Herzog von Richelieu, die Elbœufs, Liancourts, Latours, de Lignes und weiß der Himmel wie viel andere Don Juans umflatterten sie noch.

Während eines zufälligen Zusammentreffens der jungen Dame mit dem Marquis von Sâde im Garten des Luxembourg, gestand sie ihm ein, daß sein Anblick auf sie einen unauslöschlichen Eindruck gemacht habe und daß sie mit jenem Gefühle – der reinsten platonischen Liebe – sterben würde; diesem verdankte sie es, daß sie vom Pfade der Tugend niemals abweichen werde. In ihren Augen gab es zwei de Sâdes, einen idealen, erhabenen, einen Menschen gleichen Glaubens mit dem ihrigen, den sie liebte und einen Wüstling, einen Pfaffenschüler, einen Dämon mit schönem Antlitz und schwarzer Seele, den sie niemals lieben würde. Um sich aber gegen seine und seiner Gesinnungsgenossen Verfolgungen zu schützen, habe sie bereits einen Mann zu ihrem Beschützer gewählt, dem sie ihre Hand schenken werde.

Der Marquis war in Demoiselle Aroût derart verliebt, daß er ihr neben seinem Herzen auch seine Hand und damit alle seine weltlichen Güter anbot, ja sich sogar bereitwillig erklärte, den Glauben seiner Väter abzuschwören und ihren Glauben annehmen zu wollen, wenn sie sich herabließe, seine Gattin zu werden. Justine – so wollen wir sie ebenfalls nennen – wies aber seinen Antrag zurück, da sie bereits ihr Wort einem Anderen verpfändet hatte.

Um sich eine Idee von der rasenden Leidenschaft – mögen wir sie nun Liebe, Raserei oder Begierde nennen – zu machen, die der Marquis de Sâde empfand, so wird es genug sein zu sagen, daß ihn das Bild Demoiselle Aroûts niemals wieder verließ, daß es ihn über die Pfützen, durch welche er von dem Irrlichte seiner zügellosen Begierden getrieben ward, hindurch begleitete, daß es ihm, als er abgestumpft für alle Sinnesgenüsse, sich endlich in ein Kloster zurückzog, um dem Schöpfer alle seine Sünden und das größte seiner Verbrechen, daß er jemals begangen, ein Buch wie *Justine und Juliette* geschrieben zu haben, abzubitten und in Demuth zu bereuen, dahin folgte.

Gleichwie sein Oheim, der Jesuit (Père Vitin) und seine Schwester, so spielt auch Demoiselle Aroût – als Justine dargestellt – die hervorragendste Rolle in dem Romane *Justine und Juliette*. War es Tollheit oder Rache, daß er sie alle Martern, deren man einen menschlichen Körper zu unterwerfen vermag, durchmachen läßt, oder zollt er auch dadurch dem Andenken an seine einzige wahrhafte fleckenlose Liebe – ob schon sie nicht immer so blieb, denn er ließ nichts unversucht um sie in seine Macht zu bekommen, ohne daß ihm dies jemals gelang – einen Tribut, daß er wenigstens ihre Tugend unberührt läßt – die Tugend des Willens, der Seele muß hier verstanden werden – oder endlich, sind die Bilder die er in *Justine und Juliette* entfaltet, eine Folgereihe krankhafter Träume und Phantasiegebilde? dies wäre schwer zu entscheiden, weil er selber darüber niemals Aufklärung gegeben und die eine wie die andere Annahme gleich viel Plausibles bietet.

Mithin kennen meine Leser bereits die vier Hauptpersonen des Sâde'schen Romans. Der Verfasser hat demselben noch einen zweiten Titel – neben jenem seiner beiden Heldinnen *Justine und Juliette* – beigegeben, nämlich: *die Gefahren der Tugend und die Wonne des Lasters*. Wenn es möglich wäre, daß ein menschlicher – zumal ein weiblicher – Körper solche Martern auszuhalten im Stande wäre, wie Sâde sie seine Justine aushalten läßt, dann müßte sie eine wahre Phönixnatur besitzen. Doch die Herren Franzosen waren seit jeher großartig in ihren Ungeheuerlichkeiten und die Manie, Schrecklicheres auf Schreckliches zu häufen, wird sich aus ihrer Literatur niemals verlieren, wenn sie nicht noch zunimmt.

5. Sittliche Zustände in Frankreich zur Zeit Ludwig's XV.

Ich war nicht ganz in Reinem mit mir selber, ob es nicht passender wäre diesen Abschnitt anders zu überschreiben, denn fürwahr, die Zustände in Frankreich waren zu Lebzeiten des Verfassers von *Justine und Juliette* durchaus nicht sittlich, sondern in größtem Maaße das Gegentheil davon. Nur ein solches Zeitalter konnte solche Kannibalen, wie es viele Männer der Revolution waren, solche Faunen und Satyren, wie der Adel und solche Atheisten, wie die Encyklopädisten, hervorbringen, wie jenes, welches man mit der Benennung „das philosophische Jahrhundert" beehrt hat. Alles, was in der Gesellschaft geschah, hatte etwas Frazenhaftes, Karrikirtes an sich, man potenzirte Alles bis zur Entstellung, die Contraste begegneten einander, wie man Milben durch ein Gasmikroskop sich unter einander vermengen sieht.

Frankreich war seit Urzeiten, d. h. seit der Invasion der Franken, denn die alten Gallier waren in ihren Sitten nur zu streng, stets berüchtigt von seiner Unsittlichkeit.

Schon in seiner ersten Dynastie weist es eine Menge solcher menschlichen Ungeheuer auf, die selbst Scheusale wie Nero, Heliogabalus, Agrippina und Messalina in den Schatten drängen. Waren es nicht die zwei buhlerischen Königinnen Brunehilde und Fredegonde, die in Grausamkeit und Ausschweifung jeder Art wetteiferten? und Derjenige, der de Sâde's Buch zur Hand nimmt und die in demselben geschilderten Scenen liest, wird eingestehen müssen, daß diese Schändlichkeiten nichts anderes sind als schwache Plagiate der durch diese Furien – Brunehilde und Fredegonde, verübten Greuelthaten. Ist nicht die Dynastie der Merovingischen Könige zufolge der Entsittlichung ihrer Mitglieder zu Grunde gegangen, um einer stärkeren Platz zu machen?

Waren aber die Carolinger besser? Fangen die Hofscandale bei ihnen nicht schon mit dem ersten Könige an? Wenn wir weiter in der Reihenfolge der französischen Könige gehen, werden wir überall und zu allen Zeiten ähnliche Beispiele finden, wie Marie von Burgund, die Gattin Philipp's V. des Langen, die einen herostratischen Namen hinter sich gelassen, der noch immer lebt und Jedermann in Paris, bis zum zerfetztesten Gamin weiß es, was sich im Thurm von Nesle zutrug.

Wenn ich die Geschichte des französischen Hofes durchblättere, wundere ich mich nicht mehr darüber, woher der Marquis de Sâde seine Beschreibungen genommen, denn Alles das, was sich in seiner *Justine und Juliette* befindet, war in Frankreich am Hofe, unter dem Adel, unter den Bürgern und selbst unter der Hefe des Volkes tausendmal geschehen, ja es geschah vor den Augen des Verfassers dieses verruchten Buches täglich und wir übertreiben nicht, wenn wir behaupten, daß die Unsittlichkeit in Frankreich, wenngleich nicht in so hohem Grade und mehr im Geheimen, doch stets noch umherwuchert.

Dumas der ältere spricht in seinem Romane *Gott lenkt* von der Theorie der Grausamkeit oder vielmehr von der durch Sâde aufgestellten Lehre der Wonne der Grausamkeit als von etwas Entsetzlichem. Er vergleicht die physische mit der moralischen Grausamkeit und zieht Parallelen zwischen beiden. Es war ein trauriges Zeitalter, als die Gesetzgebung dem Volke das schlimme Beispiel dazu gab, in der Peinigung der Mitgeschöpfe ein Vergnügen, eine Befriedigung krankhafter Leidenschaften zu suchen und zu finden. Was waren alle die grausamen Hinrichtungen, das Rädern, Viertheilen, Spießen, auf dem Rost und bei langsamem Feuer Rösten, das Lebendigverbrennen und die noch grausameren Foltern anderes, als eine Befriedigung einer derartigen krankhaften Neigung, Menschen leiden zu sehen, heulen zu hören, sich an den Verzerrungen in den Gesichtszügen zu weiden? Gall hat in seiner Schädellehre das Organ der Grausamkeit entdeckt und daß ein solches existirt, daran darf doch niemand zweifeln, man braucht nichts anderes, als unter Kinder zu gehen und zu sehen, wie diese mit Fliegen, Maikäfern und Fröschen verfahren. Es wird noch viele Menschen geben, die sich der Zeiten erinnern, als man Verbrecher auf öffentlichem Markte stäupte und brandmarkte und wie groß der Zudrang der Menschen bei allen Hinrichtungen war und noch gegenwärtig ist. Diese krankhafte Leidenschaft wohnt sehr vielen Menschen inne und nur der immer mehr sich verbreitende Humanismus macht es, daß sie abnimmt anstatt zuzunehmen. Die Grausamkeit ist eine Ausgeburt der Rohheit und des Mangels an Sittlichkeit. Wir finden sie unter Wilden am meisten zu Hause.

Zu jener Zeit, als der Marquis de Sâde sein Buch geschrieben, gehörte es so zu sagen zum guten Ton, eine gewisse Abhärtung beim Anblick der Leiden unserer Mitgeschöpfe zu zeigen. Könige und Königinnen, unmündige Prinzen und Prinzessinnen wurden nach dem Grèveplatze geführt, oder sie gingen selber dahin, um den Hinrichtungen von Verbrechern beizuwohnen. Es war für sie eben nichts anderes als Schauspiele, wie den Vestalinnen das Besuchen des Circus, in welchem nackte Gladiatoren unter sich oder mit wilden Thieren kämpften.

Bei Folterungen der Verbrecher bei peinlichen Verhören durfte, außer den Richtern und anderen zufolge ihrer Amtirung beauftragten Personen, Niemand gegenwärtig sein. Dennoch geschah es, daß auch Fremde, zumeist Herren und Damen von hoher socialer Stellung, entweder verlarvt oder hinter Vorhängen versteckt der peinlichen Frage beiwohnten. Jacob I. von England, der feige Regent, der beim Anblick eines entblößten Schwertes in Ohnmacht fiel, versäumte es niemals bei Anwendung der peinlichen Frage gegenwärtig zu sein, namentlich bei den Verschwörern, die das Parlamentsgebäude in die Luft sprengen wollten (Guido Fawkes, de Winter usw.).

Man darf sich nicht mehr fürchten, daß es jemandem in unserem aufgeklärten humanistischen Jahrhundert einfallen könnte ein Buch zu schreiben wie *Justine und Juliette,* noch auch daß es Leser haben würde. Humanismus und Gefühl sind jetzt nicht nur durch die Erziehung und die Gesetze eingeflößt, sondern sogar Mode, was beinahe noch mehr sagen will, denn der Mode huldigt man williger als dem Zwange, selbst wenn dieser zu unserem Besten führt. Sâde konnte aber zu jener Zeit ein solch verruchtes Buch schreiben, weil es mit dem damaligen Geschmacke und mit der herrschenden Mode in Harmonie stand. Es mag viel Uebertreibung in den von ihm geschilderten Scenen liegen, doch kann man darüber das Sprichwort anwenden: „Wo kein Feuer, dort kein Rauch."

Gerade zu jener Zeit, in welcher Sâde sein Buch schrieb, war die wirkliche Galanterie, die nur unter der Regierung Ludwigs XIV. in Aufschwung kam, ganz verloren gegangen. Die Schamlosigkeit der Hofdamen kannte keine Grenzen. Wir brauchen nichts anderes als die Portraits der Damen St. Prie, Pompadour, Du Barry, Ninon de Lenclos und anderer berühmten und berüchtigten Modedamen zu betrachten, so wird uns schon die damalige Mode als Beleg dazu dienen, wie wenig sich die Frauen genirten jene Reize, die man gegenwärtig verhüllt, der ganzen Welt sehen zu lassen. Diese Moden übergingen nach allen Ländern Europa's, und erst später fiel es den Damen oder den Modeschneidern ein, daß es doch anständiger wäre weniger decolletée zu erscheinen.

Als das Buch Sâde's im Jahre 1772 in Paris erschien, lag es überall auf und man kaufte es um den geringen Preis von 30 Francs (10 Bände in 16˙ mit 100 Kupfertafeln). König Ludwig ließ sich ebenfalls ein Exemplar geben und fand für sich nur wenig Neues in diesem Buche. „Dies kenne ich, nichts Neues!" waren die Ausrufungen die seinen Lippen entschlüpften, als er im Buche herumblätterte.

Daß ihm alle diese Schändlichkeiten nicht mehr neu waren, ist nicht zu wundern, er hatte ja seine Schule im Hirschpark durchgemacht.

6. Politische, philosophische und erotische Literatur.

Die Literatur des XVIII. Jahrhunderts bemächtigte sich faktisch der Presse, ohne daß die Zügellosigkeit derselben von den Regierungen sofort gehindert worden wäre. Es war nicht viel anders als gegenwärtig, denn es gab keine Präventiv-Censur. Eben nur dieser Zügellosigkeit der Presse ist die später eingeführte Büchercensur zuzuschreiben. Die Verfasser solcher Bücher, in denen man die Gesetze und Institutionen, die Religion und die Moral angriff, wurden zwar zur Rechenschaft für ihre Schriften gezogen, da aber das Märtyrerthum nicht nur nicht abschreckt, sondern noch mehr zum Begehen verbotener Handlungen aufstachelt, wie der Mensch überhaupt schon seit dem ersten Sündenfall zum Verbotenen geneigt ist, so verminderte sich die Zahl solcher Bücher, die später dann verboten wurden, nicht im geringsten, ja sie vermehrte sich noch zusehends.

Die Regierungen und der Klerus erschrak vor der Zügellosigkeit der ausgesprochenen Ansichten über die politische und Glaubensfreiheit. Diese mußte nothwendigerweise zum Umsturz alles Bestehenden, zur Revolution und zur Anarchie führen. Sie hat von jener Zeit an bis zur Gegenwart immer mehr Terrain gewonnen und es giebt jetzt keine neuen Ideen mehr, die nicht schon in den Werken des philosophischen Jahrhunderts aufgetaucht und besprochen worden wären. Dies war die sogenannte encyklopädische Literatur.

Eines der gefährlichsten und verruchtesten Bücher des XVIII. Jahrhunderts ist der Roman *Der Gevatter Matthies* (le Compère Matthieu). Der Verfasser dieses Buches ist unbekannt geblieben, wiewohl man es Diderot, dem Verfasser des *Jacques le fataliste* (im Deutschen unter dem Titel *Jakob und sein Herr* herausgegeben) zuschreibt. In diesem Buche wird der sophistische Satz aufgestellt: es gebe keine Tugend und kein Laster. Jede selbst die schändlichste Handlung wird darin als erlaubt aufgestellt, da das Selbsterhaltungsprincip eine solche gestattet. Eine so gefährliche Doktrin, die die Menschen zum Zustande der Wildheit, des viehischen Lebens führte, müßte alle gesellschaftlichen Bande lösen, wenn sie angenommen werden würde. Dieses Buch war das erste, welches zu Paris auf dem Grèveplatze öffentlich durch Henkershand verbrannt wurde.

Die Religion selbst wurde in mannigfaltiger Weise angegriffen, vorerst nur der christliche Glaube. In den *Ruinen* von Volney wird zu beweisen versucht, daß die christliche Religion dem Buddhismus entnommen, es wird sogar die historische Wahrheit der Existenz unseres Erlösers geleugnet, und Jesus Christus als eine Mythe dargestellt. Nicht anders ist das berüchtigte Buch von Helvetius *Horus' astrognostisches Endurtheil über die Apokalypse.* Außer diesen hier genannten Büchern erschienen noch eine Menge anderer Werke in verschiedenartigster Form, theils als Broschüren, theils in Briefen verfaßt, theils als Romane und Erzählungen, in welchen die Institutionen und die Religion mit den Waffen der Satyre und metaphysischen Spitzfindigkeiten angegriffen wurden, nebenbei aber währte der Federkrieg zwischen den Jesuiten und Jansenisten fort und die Demoralisation der Höfe und des Volkes nahm von Tag zu Tag zu.

Nicht in Frankreich allein schritt man einer nahenden Revolution und Anarchie mit Riesenschritten entgegen, sondern auch in England, in Deutschland, in den Staaten des römisch-deutschen Kaisers (später den sogenannten österreichisch-erbländischen Provinzen), in der Schweiz und hauptsächlich in den Niederlanden. Nur eine solche furchtbare Epoche, wie die der nachfolgenden Revolution in Frankreich zu Ende des XVIII. Jahrhunderts, konnte die unthätigen Regierungen aus ihrer lethargischen Lähmung aufrütteln und die Völker zum Bewußtsein dessen bringen, wie verderblich es sei dem Sirenengesang solcher verführerischer Lehren ein Ohr zu leihen, und die bessere Menge unter dem Volke stemmte sich aus Leibeskräften gegen die Prinzipien, die die Franzosen zur Revolution geführt hatten. Der in England unter der Aristokratie in Mode gebrachte Atheismus wurde von derselben verbannt, die Bibeln und Psalmbücher neuerdings hervorgenommen und die Broschüren eines Bolingbroke, Voltaire, Rousseau, die Briefe des Marquis d'Argens, die Werke der Encyklopädisten aus den Salons und Lesezimmern aller Lords und Ladies verbannt; denn auch England spürte die Erschütterung, und der Abfall der nord-amerikanischen Vereinigten Staaten war eine natürliche Folge der Annahme und Verbreitung solcher Lehren, die auch die französische Revolution geschaffen hatten.

So gefährlich in ihren Folgen die französische Revolution auch sein mochte, so hatte sie aber auch ihre wohlthätigen Folgen.

Gleichwie ein Ungewitter, welches Bäume entwurzelt, Saaten zerstört, Häuser in Brand steckt, die Luft reinigt und dort, wohin die Verheerung nicht gedrungen, dem Wachsthume der Pflanzen förderlich wird, so hat auch die französische Revolution den Absolutismus, die Willkür des Adels, die Macht des Clerus, die Vorurtheile, die die Welt in Fesseln schlugen, zerbrochen und vernichtet, die Moralität des Volkes gehoben, die Sittenverderbniß überall verbannt und gesunde Lehren eingeführt, sie hat das Lehrsystem, den Constitutionalismus gegründet, dunkle Ideen geklärt, mit einem Worte, sie hat aus Willkühr- und Pflichtstaaten Rechtsstaaten geschaffen und die Welt gebessert.

Daß unter solchen Verhältnissen ein Buch wie des Marquis de Sâde *Justine und Juliette* sich beinahe ein Viertel-Jahrhundert hindurch einer völligen Ungestraftheit erfreuen durfte, ist nicht zum Verwundern. Man betrachtete es in den aristokratischen Lesekreisen gleichwie eine Anleitung in der Kunst der Entsittlichung. Wenn es auch Vieles enthielt, was noch neu, unerhört und ungeheuerlich war, so begriffen es die Leser doch, daß es auszuführen sei, während man heutzutage solche Entsetzlichkeiten für unmöglich und unausführbar hielte.

Man spricht und seufzt so viel über die dahingeschwundene gute alte Zeit. Wenn wir die Sittengeschichte der verflossenen Jahrhunderte mit jener der Gegenwart vergleichen, dann werden wir erst finden, daß wir den Verlust der ersteren nicht zu betrauern brauchen.

7. Der Hirschpark.

Wer hat nicht von dem Hirschpark zur Regierungszeit Ludwigs XIV. gehört, der die Geschichte Frankreichs dieser Epoche studiert? Der Hirschpark war eine Pflanzschule des Lasters für die Prinzen aus dem Hause Bourbon. Selbst die Saturnalien der Römer zur Zeit der Cäsarenherrschaft, die schauderhaften Luperkalien eines Tiberius, Caligula, Nero, einer Agrippina, Messalina, Locusta und anderer menschlichen Ungeheuer waren nur blasse Vorbilder solcher Auftritte, die im Hirschpark ausgeführt wurden. Wehe dem Knaben oder dem Mädchen, die einem Wüstlinge des französischen Hofes in die Augen stachen. Die Unschuld der Kinder, die zuweilen selbst wilde Thiere zu rühren im Stande ist, war in den Augen dieser verhärteten und durch Sittenlosigkeit und Ausschweifungen jeder Art abgestumpften Menschen nicht nur ganz machtlos, ja sie reizte diese Leute noch dazu, daß sie sich an den moralischen und physischen Qualen ihrer Opfer weideten.

Ist es doch nicht lange her, daß ein solches ausschweifendes menschliches Ungethüm in einer unserer norddeutschen Residenzen vor Gericht stand und zu schwerer Kerkerstrafe verurtheilt wurde und daß eben dieser Verbrecher, der Dank dem Humanismus der Gegenwart, nicht durch das Gesetz der Wiedervergeltung, – die lex Talionis – mit einem martervollen Tode bestraft wurde, in der Presse noch Vertheidiger gefunden hat, die es zu beweisen suchten, daß bei ihm die Unzurechnungsfähigkeit in Anschlag genommen werden sollte, weil ihn der angeborne Naturtrieb dazu zwang Handlungen zu begehen, die der Ausfluß seines physischen Organismus waren. Wie viele Bücher sind im Laufe der letzten Jahre über die sogenannte platonische oder griechische Liebe, über das Urningthum erschienen? wie hat man es gewagt den Artikel 143 des deutschen Strafgesetzes anzugreifen, welches ein gewisses Laster oder vielmehr Verbrechen mit schwerer Strafe belegt? Wollte man diese Schändlichkeiten dulden oder ein Auge dabei zudrücken, was würde aus der Gesellschaft werden, was aus der Menschheit? Würden wir dann nicht den Krebsschritt antreten und zurückgehen auf den durch Karl Vogt und Darwin angegebenen Ursprung der menschlichen Race?

Jenes Laster, welches wir hier angedeutet, ohne es beim Namen zu nennen, war selbst in dem bereits civilisirterem Theile Europas viel verbreiteter und häufiger als es gegenwärtig ist, obschon es in einem anderen Theile leider zugenommen hat, wo es ehedem weniger bekannt war.

Der Hirschpark, dieses Seminar für sinnliche Ausschweifungen, hatte seine männlichen und weiblichen Einwohner, passive und aktive. Die ersteren bildeten die Mehrzahl. Obschon Anfangs für die Zerstreuung des Königs Ludwig XV. von seinem Vormunde Philipp von Orleans gegründet, wurde dieses königliche Bordell später ein Tummelplatz nicht nur aller Höflinge, sondern jedes Menschen, der denselben besuchen wollte. Die hier stattgefundenen Orgien währten manchmal mehrere Tage hinter einander und es ereignete sich, daß Menschen, die diesen Platz in blühendster Gesundheit betreten hatten, ihn als Siechlinge, sterbend oder sogar als Leichname verließen. Der Rausch war hier ein vielfältiger, durch Spiel, durch Speisen, Gewürze, Wein oder andere Getränke, durch Wohlgerüche, durch Visionen und Zauberlaternen, durch Musik und jede Gattung thierischer Genüsse hervorgebracht.

Es langweilte nämlich den König hier allein zu sein, wie der Padischah unter seinen Kebsweibern, er wollte Gesellschaft haben und sein menschliches Kaleidoskop vergrößern. Schönheit, Geist und Witz, Eleganz und Unsittlichkeit, waren die besten Empfehlungsbriefe, um als Gäste im Hirschpark aufgenommen zu werden und an den hier abgehaltenen Orgien theilzunehmen.

Der Marquis de Sâde, der seine ersten Studien bereits im Jesuitenkloster zu Noisy-le-Sec gemacht und sich durch seine Eroberungen unter den galanten Damen, ebenso wie unter den ländlichen Unschulden, in kürzester Zeit einen

Ruf gegründet hatte, der bis ins Kabinet des Königs und ins Boudoir Madame de Pompadour gedrungen war, wurde bald der Löwe des Tages und der König sowohl wie die begünstigte Maitresse verlangten ihn kennen zu lernen. Er wurde Ludwig XV. von seinem Minister Fleury vorgestellt und Madame de Pompadour lud ihn zu sich zum Abendmahl, an welchen auch der König, die beiden Minister Choiseul und Sartiges und der Herzog Marschall von Richelieu theilnahmen. Das Souper endete – wie gewöhnlich – mit einer Orgie und Sâde zeichnete sich dabei so sehr aus, daß ihn der König selber aufforderte, er möge den Hirschpark besuchen und ihm seine Ansichten darüber mittheilen, welche Verbesserungen und Verfeinerungen dort eingeführt werden dürften.

Die meisten Scenen, die in den vier letzten Bänden der *Justine und Juliette* beschrieben werden, sind zumeist treue Nachbildungen der Bacchanalien im Hirschpark, namentlich die folgenden: Band VII, Seite 142, Band VIII. Seite 110, 159, Band IX. Seite 27, 37, 151, 228, 261, 266. Band X. Seite 201, 224, 293 und 331. Sie waren theils schon bekannt, theils aber wurden sie erst von Sâde vorgeschlagen, entworfen und ausgeführt.

Unsere Leser mögen nicht von uns verlangen, daß wir diese Scenen auch nur andeutungsweise angeben, wenn aber einigen von ihnen das verruchte Buch in die Hände fallen sollte, so werden sie sich vielleicht erinnern, was ich hier darüber gesagt.

Ich glaube hier keinen Verstoß wider meine eigenen Principien zu begehen, indem ich mich auf die betreffenden Stellen dieses infamen Buches berufe, ohne anzugeben, was sie enthalten, es ist eben so, als wenn ich sagte: geht nach dem Monde oder nach einem Planeten und seht, was dort Alles geschieht. Da ich überzeugt bin, daß keiner meiner Leser – wenigstens hier in Deutschland – das Buch Sâdes zur Hand bekommen wird, so werden ihn auch diese Stellen nicht aufklären, wer aber ausdrücklich nach Paris reist, um in der Bibliothek des Louvre das Buch zu suchen –

wenn er überhaupt eine polizeiliche Ordre dazu erlangen kann – dem kann nichts mehr schaden, er ist entweder eben so gegen das Laster gewappnet, wie ich oder ein aufgegebener Mensch.

8. Die Gefahren der Tugend.

Wenn man Sâdes *Justine und Juliette* zur Hand nimmt, um es zu lesen, so weiß man nicht, welcher der beiden Haupttheile der schlimmere ist, ob der erste, *Justine – oder die Gefahren der Tugend – oder Juliette, die Wonne des Lasters*? Das erstere, fünf Bände fassend, liefert uns zwar nicht so viele Gemälde der scheußlichsten Ausschweifungen, enthält aber eine so verderbliche Phylosophie, eine solche Verachtung alles Edlen, jeder zarteren Regung des Herzens, eine Verspottung der wahren Liebe, daß man Gefahr läuft, wahnwitzig darüber zu werden, wenn man dieses Gift in schwarzen Typen einschlürft.

Möglicherweise wird aber der Leser gleich hier einen solchen Ekel vor dem Buche und dessen Verfasser empfinden, daß er es gleich, ehe er mit dem ersten Bande zu Ende gekommen, von sich wirft ohne in Versuchung zu gerathen, die Lektüre weiter fortzusetzen.

So cynisch und ekelhaft auch der *Gevatter Matthies* sein mag, so sind die darin angeführten Schändlichkeiten entweder nur oberflächlich berührt und man kann keinen Geschmack an den Hauptpersonen, namentlich an der tief herabgesunkenen alten Vettel von einer Marquise, noch an dem Schmutzfink Hieronymus finden und es bleibt dem Leser unbenommen sein Urtheil über ihre ausgesprochenen Meinungen und Aeußerungen zu fällen, so wie die Obscönitäten in der Geschichte Dom Bougrés und anderer derartiger Bücher einem höchstens widerlich erscheinen, wie alle Unflätigkeiten älterer und neuerer Zeiten, die namentlich seit ein paar Jahren selbst in Deutschland neuerdings zu grassiren anfangen. Es ist eine abscheuliche, für den

Ackerbau nicht anwendbare Düngerlehre und man verpestet sich nicht gern damit. Solche Bücher verlieren ihre Wirkung eben ihrer Drasticität halber.

Nicht so *Justine und Juliette*, zumal die 5 ersten Bände. Hier wird das Gemüth des Lesers langsam und unvermerkt angesteckt. Nicht genug daß der Verfasser ganz auf materiellen Standpunkt tretend, zu beweisen sucht, des Menschen Leben sei nur auf sein Erdenwallen beschränkt und jede Hoffnung auf ein zukünftiges Leben nichts als eine Chimäre, er müsse folglich Alles thun, was ihm seine Leidenschaft als angenehm erscheinen läßt, alles Ideale verbannen und nur seinem Blute, seinen Nerven, seinen Sinnen wollüstige Gefühle zu verschaffen suchen, er geht noch weiter, indem er die Tugend als ein solches Ungeheuer darstellt, welches von Menschen nur Opfer und Selbstverleugnung fordert, ohne ihm eine Belohnung zu bieten, daß dieselbe den Keim jedes Unglücks in sich trägt und anderen Unsinn. Er sagt, der Tugendhafte sei ein Blödsinniger, den seine Mitmenschen eben deswegen verfolgen, ja sogar das Recht haben zu verfolgen, weil er besser scheinen will als sie, wo er doch nichts als ein Heuchler und ein Egoist sei, der so blödsinnig ist zu glauben, er würde Alles, was er hienieden verschmäht, im Jenseits in vollkommenster Potenz genießen, er gleiche dem Geizhalse, der bis an sein Lebensende spart und Reichthümer anhäuft, ohne das Geringste zu genießen und auch seinen Mitmenschen den Genuß seiner Schätze mißgönnt.

Er führt hierauf Beispiele tugendhafter Personen beiderlei Geschlechtes auf – nicht historische Beispiele – sondern der Wirklichkeit abgeborgte durch seine Phantasie weiter ausgemalte Ideale, die in Folge ihrer Tugend allen möglichen Seelen- und Körperleiden unterworfen werden. Weshalb ist Jemand so einfältig, irgend ein Wesen, seine Eltern, Geschwister, sein Weib, seine Kinder, seine Freunde, sein Vaterland zu lieben, wo ihm doch ein jedes entrissen werden kann und er dann einen Schmerz empfinden muß? Mit einem Worte, es ist die ausgesprochenste Menschenfeindlichkeit darin enthalten und um seine Argumente noch mehr zu illustriren, führt er eine seiner beiden Heldinnen, die tugendhafte Justine, dem Leser ein.

Daß Justine niemand sonst als Mademoiselle Aroût, nachherige Madame Sevrin, die Gattin eines Apothekers, ist, die Frau, in die er sich auf den ersten Anblick verliebt und der er mehre Jahre nachgestellt, läßt sich leicht errathen, denn die Beschreibung ihres Aeußeren und die Schilderung ihrer Lebensverhältnisse ist in der Heldin des Romans so getreulich wiedergegeben, daß Sâde sogar denselben Geburtsort, den Mademoiselle Aroût den ihrigen genannt, Arles in Burgund – angiebt. Er erzählt seine Reise auf der Deligence in ihrer Gesellschaft, die Gespräche, welche zwischen ihr und ihm stattgefunden, usw.

Ob der Marquis de Sâde in Wirklichkeit Alles unternommen ohne es ausführen zu können, was er in seinem Romane als ausgeführt anführt, dies will ich nicht untersuchen, es mag übrigens sein und eben das Mißlingen seiner Pläne erbitterte ihn derart gegen sie, daß er sich an ihrer Nachbildung durch tausendfältige Seelen- und Körperqualen rächt. Jener Triumph, den er erst zu Ende seines Buches über sie feiert, ein Triumph, wie jener Mephisto's über Faust, daß er ihre Seele endlich auch verpestet, ist eben so Erfindung, wie alle jene Folterungen, dessen er und seine höllische Verbündete Juliette, die tugendhafte Justine unterworfen haben. Wenn es übrigens möglich wäre, daß ein Weib ähnliche Mißhandlungen auszuhalten im Stande wäre, ohne in den Verlust ihrer Tugend einzuwilligen, so würde sie nicht so lang warten, sondern entweder anfangs schon unterliegen oder den Tod der Märtyrinnen erdulden.

Ich will es versuchen die Handlung selbst als Erzählung im Auszug wiederzugeben, ohne die Zeichnung der Schändlichkeiten mit einzuflechten. Es läßt sich nicht leugnen, daß sich aus dem sehr reichhaltigen Stoffe, den Sâde nach seiner Art bearbeitet hat, ein sehr schöner ja sogar höchst moralischer Roman nachbilden ließe, doch dann müßten einige der Hauptpersonen und Haupthandlungen entweder ganz wegbleiben oder doch so abgeändert werden, daß sie dem Originale gar nicht glichen und eben dies habe ich mir vorgenommen zu thun, obschon ich die Handlungen in einem möglichst engen Raum einschließen will.

Ich werde vorerst die Versuchungen, denen Justine ausgesetzt war, und die die ersten sechs Bände füllen, am kürzesten fassen. Die von der Geschichte Justinens getrennten Erlebnisse und Abenteuer Juliettens, der Heldin der *Wonne des Lasters,* werde ich in einem anderen Abschnitte berühren.

Schließlich will ich hier noch erwähnen, daß die Versuchungen, denen Justine widersteht, viel größer sind, als diejenigen denen Juliette sofort erliegt, und gerade hierin liegt eigentlich der schlagendste Beweis der Würde der weiblichen Tugend, die Sâde so hartnäckig angreift.

9. Die Leiden einer Unschuld.

Justine war so zu sagen als Waise geboren. Ihr Vater war vor ihrer Geburt hingerichtet worden, weil er sich einst geweigert hatte die Tochter des Maire von Arles zu heirathen, die ihn aber auch, als sie sich mit dem größten persönlichen Feinde des Mannes, den sie geliebt, verheirathet hatte, noch weiter mit ihrer Liebe verfolgte und da er sie noch fortan verschmähte, rächte sie sich an ihm und seiner nachmaligen Gattin, der Mutter Justinens, dadurch, daß sie einen Meineid ablegte, der den Widerspenstigen aufs Schaffot brachte.

Seine hochschwangere Gattin, als Mitwisserin des Verbrechens, dessen ihr Gemahl unschuldigerweise angeklagt wurde, unterlag der Folter, die bei ihr angewendet wurde, ohne Berücksichtigung ihres kritischen Zustandes. Justine wurde mittelst ärztlicher Operation aus dem Leibe ihrer Mutter herausgeschnitten. Eine Tante, die Aebtissin eines Nonnenklosters, nahm sich des neugeborenen Mädchens an, und dieser Frau hatte Justine zu danken, daß aus ihr eine tugendhafte Person wurde.

Hier läßt Sâde seiner Afterphilosophie die Zügel schießen, indem er die Lächerlichkeit der Tugend bei einem Manne zu beweisen trachtet. Wäre – nach Sâde's Ansichten – der Vater Justinens nicht gar zu züchtig gewesen, hätte er angenommen, was ihm von der Tochter des Maire geboten wurde, so würde diese nicht Rache an ihm genommen haben, er und seine Gattin nicht umgekommen sein. Hier also war Tugend beinahe zu einem Verbrechen an sich selbst, an der Gattin und dem noch ungebornen Kinde. Somit wenden sich Sâde's Argumentationen gegen schuldlose Personen, anstatt eine scheußliche Mörderin anzugreifen. In dieser Weise räsonnirten die Autoren des philosophischen Jahrhunderts!

Das Nonnenkloster, in welchem Justine aufwuchs und erzogen wurde, ist allen Nonnenklöstern jenes sittenlosen Jahrhunderts gleich; die Nonnen sämmtlich Heuchlerinnen, die Aebtissin allein war es nicht, sondern eine Ascetin, die auch ihre Nichte in den Grundsätzen der Enthaltsamkeit und Kasteiungen erzieht, doch zu schwach ist, um den Unfug ihrer Untergebenen zu steuern.

Als diese es endlich gar zu skandalös treiben und sie nach den Klosterregeln gegen die Schuldigen verfahren will, bricht eine von den Paulinern, den geheimen Verbrechensgenossen der Nonnen, angefachte Verschwörung aus, die der Aebtissin das Leben kostet, denn sie wird von den Nonnen vergiftet. Mit dieser Katastrophe schließt der erste Band des Romans, in welchem auch die Jugend Juliettens – auf die ich später kommen werde – geschildert wird, sammt derjenigen des Helden des Romans, des Verfassers selbst.

Im zweiten Bande befindet sich Justine noch immer im Kloster, in welchem auch Juliette als Kostfräulein aufgenommen wird, der Held des Romans hingegen tritt als Schüler ins Kloster der Pauliner, somit werden die drei Hauptpersonen des Romans zusammengebracht.

In diesem Auszuge habe ich mehre Scenen ausgelassen, in welchen das Leben der Nonnen und der Mönche sammt den von ihnen begangenen geheimen Sünden beschrieben wird.

Die Nonnen versuchen es auf jede mögliche Weise Justinens Tugend zu untergraben; sie wollen ihre Seele vergiften durch Erhitzung ihrer Phantasie, durch Bücher und Gemälde, ja sogar durch gewisse aufreizende Getränke; Justine aber erinnert sich der Rathschläge und Lehren ihrer verstorbenen Tante, sie empfindet einen unüberwindlichen Abscheu gegen das Laster und bleibt unerschüttert inmitten der größten Anfechtungen auf dem Pfade der Tugend, sie trotzt den Drohungen, allen gegen sie gesponnenen Intriguen und sogar thatsächlichen Mißhandlungen.

Eine reiche Dame, die das Kloster besucht, um eine Verwandte zu sprechen, die sich unter den Nonnen befindet, findet Gefallen an Julietten und entführt sie aus demselben. Erst nachdem Beide in Paris angelangt, erfährt Justine, wer die Dame sei und sieht, daß sie aus dem Regen in die Traufe gerathen, denn diese Person ist nichts anderes als eine Elende, die mit den Reizen unschuldiger Mädchen einen abscheulichen Handel treibt und Justinen einem alten Wüstling bereits zugesagt hat.

Das Leben in Paris, sowohl am Hofe – die vorkommenden Personen sind nur schwach maskirt und es lassen sich unter ihnen die Cavaliere der Umgebung Philipps des Regenten leicht erkennen – als auch in den chambre garnies, einige Orgien in den letzteren und das Treiben der galanten Damen aller Kasten ist in diesem – dem 3. – Bande sehr witzig beschrieben. Es scheint als ob Sâde in diesem Bande von seinem bisherigen Thema, den haarsträubendsten Abscheulichkeiten, abgekommen wäre, denn es enthält nur zwei etwas zu ausschweifend geschriebene Kapitel.

Bei Weitem schlimmer als die drei vorhergehenden ist der 4. Band. Justine tritt noch immer passiv auf und begegnet in der Diligence dem Helden des Romans, dem Marquis von Concon (Sâde). Hier verschmilzt die Phantasie des Autors mit der Wirklichkeit und die Scenen, deren ich oben erwähnt, werden hier in lebhafter Weise geschildert.

Die Stellen, die sich auf die Liebe Concons beziehen, die Empfindungen des Herzens, die Gefühle, die ihn übermannen, der Kampf der beiden Genien, des guten und des bösen, werden hier in einer Weise wiedergegeben, die Zeugniß für das Genie Sâde's liefert. Seine Sprache ist hier noch viel glänzender, der Styl feiner, funkelnder, man sieht, daß er die Empfindungen, die er einst gefühlt, als er des Urbildes von Justine ansichtig wurde, neuerdings durchgemacht haben mußte, denn seine Sprache ist wahrer, ungekünstelter und leidenschaftlicher. In diesem Bande sind die verderblichen Sophismen als Leidfäden der Beweisführung für die „Gefahren der Tugend und die Wonne des Lasters" noch häufiger und es gehört eine sehr gesunde Logik dazu, den Pferdehuf in den Argumenten herauszufinden, denn dieser wird vom langen Talar der plausibelsten Gründe verdeckt. Nichts destoweniger kann man doch auch dies überwinden, man braucht nur die Erfahrung und die Lebenspraxis zu Hülfe zu rufen und von der Physiologie Etwas zu verstehen, um alle Gründe de Sâde's zu entkräften.

In diesem Bande werden die moralischen Leiden Justinens immer stärker, sie liebt den Marquis, doch da sie ihn als Wüstling kennt, erlaubt es ihre Tugend nicht, daß sie ihn heirathe, und um ihm auszuweichen, verschenkt sie ihre Hand einem anderen Manne, einem Apotheker. (Wiederum Wirklichkeit für Fiction.)

10. Der fünfte und sechste Band.

Der Marquis de Sâde hat in den zwei nächsten Bänden das Gebiet der Afterphilosophie verlassen und seine Schreibart sticht jetzt von der im Anfang gebrauchten ab. Nicht daß der Styl verändert oder daß eine Ermattung in der Phantasie und der Zusammenstellung wahrnehmbar wäre, sondern man bemerkt es, daß Vieles vorgefallen sein mußte, was ihn noch erbitterter, noch ausschweifender in seiner Gesinnung gemacht haben mußte. Ich glaube nicht zu irren, wenn ich behaupte, daß mehre Jahre verflossen waren zwischen dem 4., dem 5. und den folgenden Bänden. Möglich, daß er nach Beendigung des vierten Bandes die Lust verloren hatte, den Roman zu beendigen und das Manuscript erst wieder nach längerer Zeit hervornahm, um es fortzusetzen und zu schließen.

Seine Erbitterung gegen Madame Sevrin mußte sehr zugenommen haben, wahrscheinlich deshalb, weil er bei ihr seine Zwecke nicht erreicht hatte und sein Herz gegen ihren Gatten war auch erbitterter. Vielleicht war im Herzen der Dame eine Umwandlung vorgegangen und sie liebte jetzt den Mann, dem sie nur deshalb die Hand gereicht, um bei ihm einen Schutz zu finden gegen die Verfolgungen jenes Mannes, den sie nicht lieben durfte und den sie später sogar verachten mußte wegen seines lasterhaften Lebenswandels.

Obschon er in diesen beiden Bänden von einer Veränderung in seinem Aeußeren nichts sagt, so läßt sich doch annehmen, daß eine solche stattgefunden, und zwar eine zu seinem Nachtheile, denn er erwähnt zwei Umstände, die darauf schließen lassen: der eine ist der, daß er anstatt seine Haare herabwallend und gelockt zu tragen, dieselben abschneiden ließ und eine gepuderte Allongeperücke trug, zweitens, daß er seine Wangen schminkte. Ob er sich nicht auch falsche Zähne setzen ließ? Wahrscheinlich hatten die Jahre und sein ausschweifendes Leben diese Veränderungen nothwendig gemacht und er schweigt darüber, weil es ihn ärgert und geniert einzugestehen, daß das Laster Schmerzen und andere Nachtheile nach sich zieht und daß es Niemand wagen darf auf die Rechnung der Kraft seines physischen Organismus zu viel zu sündigen, denn alles Böse trägt den Keim der Bestrafung in sich. Wollte Gott, die leichtsinnigen Sünder dächten daran, wenn sie sich dem Taumel ihrer Sinne hingeben, daß sie jedesmal ein paar Tage, ja sogar manchmal ein paar

Monate ihres Lebens verschleudern und dem Tode näher rücken.

In diesen zwei Bänden spielt auch die Gräfin de Bray unter dem Namen Juliette eine hervorragende Rolle. Sie ist es, die die Bacchanalien ordnet. Keine Messalina oder Cleopatra konnte ausschweifender, keine Fredegonde oder Maria von Burgund konnte grausamer in Ersinnung der Foltern sein als dieses entmenschte Weib, die Schwester de Sâdes. Auch Vater Vitin, der Jesuit, bleibt von keiner der empörenden Handlungen, die hier mit den lebhaftesten Farben ausgemalt werden, weg.

Uebrigens liefern uns diese beiden Bände ein getreues Bild der Entsittlichung der französischen Aristokratie im XVIII. Jahrhundert. Die nächtlichen Jagden auf Mädchen und Knaben, die in diesen Bänden zu wiederholten Malen beschrieben werden, lassen uns die Macht dieser verruchten Race erkennen, vor welcher die Polizei ohnmächtig war. Ich erinnere mich – und meine Leser werden sich wahrscheinlich ebenfalls erinnern ähnliche Scenen auch in anderen Büchern gelesen zu haben, d. h. daß die Cavaliere zu Zeiten Ludwigs XV. und des Regenten von Orleans, mit diesem an der Spitze ihrer Streifzüge, jede Dame, jedes Bürgermädchen anfielen, die sich bei Nacht auf die Straße gewagt. Aehnliche Scandale waren übrigens nicht nur in Paris en vogue, sondern auch in London, zu Zeiten Carls II., namentlich hatte sich bei diesen nächtlichen Streifzügen Vilmot Graf von Rochester ausgezeichnet (siehe Ainsworth's Roman *die alte St. Paulskirche*). Eben so erwähnt Dumas der Aeltere solcher Orgien in seinen Romanen *der Chevalier von Harmental* nicht minder auch in der *Königin Margot* in der *Dame von Monsoreau,* ja, es ist ein nur zu bekanntes Faktum, daß diese Unsitte an allen Höfen herrschte und daß die Prinzen von Geblüt dabei stets betheiligt waren.

Daß weder de Sâde noch seine Schwester – die Juliette des Romans – an der „Wonne des Lasters" jenes Vergnügen finden konnten, wie dies in den 4 ersten Bänden dieses Buches gesagt und beschrieben wird, läßt sich in den beiden folgenden leicht erkennen, wie würden sie sonst die raffinirtesten Mittel angewandt haben um ihre Genüsse zu steigern? Dennoch schreibt der Verfasser in diesen beiden Bänden mit einiger Zurückhaltung, er versucht es Gründe zu finden, um die begangenen Schändlichkeiten zu entschuldigen, er schiebt Einiges auf Rechnung des Zufalls, der ihn auf Mittel brachte, um seine Sinneslust zu steigern, ohne daß er gedacht hätte, daß solche vorhanden wären.

Eines der gräßlichsten Gemälde ist ein Ausflug nach Spanien und was die Gesellschaft der drei Wüstlinge dort erlebt hatte. Wie sie mit Räubern zusammenstießen und sich mit diesen befreundeten, worauf sie von der Gensdarmerie überfallen wurden, wie sie sich gegen die Soldaten vertheidigten, wie sie in einem Camuldulenserkloster eine Freistätte fanden, wie sie endlich von diesem für Geld an die Polizei verkauft und ausgeliefert wurden, wie sie der Hinrichtung der Räuber beiwohnten, namentlich die Beschreibung des gräßlichen Endes des Räuberhauptmanns und seiner Gattin in Salamanca, die durch Pferde in Stücke zerrissen wurden. Außer diesen Scenen kommen noch andere nicht weniger greuliche vor, namentlich im Stiergefecht in Cadix und die Beschreibung eines Pestlazareths eben daselbst, welches Vater Vitin, der Marquis von Concon (de Sâde) und Juliette besuchten, um sich an den Verzerrungen der Sterbenden zu ergötzen; denn diese Scheusale sind schon dahin gekommen, um starke Aufregungen zu brauchen und wer weiß, was sie alles im Stande gewesen wären zu thun, um ihre krankhaften Gelüste zu befriedigen.

11. *Eine Razzia.*

Der siebente Band schließt sich in der Handlung an den sechsten an. Er beginnt mit dem Besuch des Klosters San Juste und der Grabgewölbe ebendaselbst. Um eine neue Aufregung zu empfinden setzt der Marquis seine Forschungen, die er unter den Pestkranken begonnen, jetzt unter Leichnamen fort. Einige derselben sind sehr gut erhalten und einbalsamirt, obschon die Kleider bereits zu Staub geworden. Madame Juliette begeht einen abscheulichen Raub an dem Leichnam des Kaisers Karls V., indem sie diesen in einer Weise verstümmelt, wie es die Herzoginnen von Guise, von Montpensier und Frau von Luynes in Paris zur Zeit der Bluthochzeit mit den Leichnamen der ermordeten Hugenotten gemacht hatten.

In diesem Kloster begegnen sie dem Guardian der Camaldulenser, der die Räuber an die Polizei verrathen hatte. Juliette will ihre hingerichteten Freunde an dem Mönche rächen und ladet ihn zum Besuch ein; der Guardian fürchtete eine Falle und läßt sich durch die Koketterie, ja sogar durch eine unverholene Liebeserklärung seitens Juliettens nicht bewegen, ihr zu huldigen, er verläßt sie mit einer Predigt, in der er ihr ihre Schamlosigkeit vorhält. Die Wuth Juliettens gegen den Mönch steigert sich. Sie kommt nach Paris, ihr Bruder und Vater Vitin befinden sich in Untersuchung, sie waren gegen Bürgschaft freigelassen worden und müssen sich neuerdings dem Inquisitionstribunal stellen, um Zeugnisse abzulegen über die hingerichteten Räuber in deren Gesellschaft sie gefangen wurden. Juliette wird mit dem Groß-Inquisitor und dem Minister des Königs bekannt, sie verstrickt beide Herren in ihre Netze, die sie mit Geschenken überhäufen, so daß sie in Madrid ein offenes Haus führen kann. Gleichzeitig wird sie auch in anderer Weise von der Glücksgöttin begünstigt, sie gewinnt enorme Summen im Hazardspiel, namentlich von den Gesandten von England, Frankreich und den Niederlanden. Sie gründet hierauf eine Art Damenclub, um Propaganda für ihre abscheuliche Lehre zu machen, doch mit dem geheimen Zwecke sich an dem Camaldulenserguardian zu rächen.

Dieser Theil des Romans ist wieder in der Weise gehalten, wie der vierte Band. Die Erzählung der Verführungskünste, die Juliette angewendet, um die Damen ihrer Bekanntschaft so zu demoralisieren, daß sie ihr gleich werden und welche Fortschritte sie darin macht, wie sie sich nicht allein damit begnügt verheirathete Frauen und mannbare Jungfrauen zu entsittlichen, sondern sogar auf unmündige Kinder, Knaben und Mädchen, ihr Gift ergießt, indem sie sie in sinnlichen Ausschweifungen unterrichtet, wobei zwei Kinder zu Opfern derselben wurden und starben.

So leicht auch Sâde über die Folgen, die die Ausschweifungen nach sich ziehen, hinwegschreitet, so vermag er es doch nicht zu leugnen, daß solche Folgen zuweilen in verhängnißvoller Weise eintreten. Weshalb hat er bei der kleinen Manuela Perdido und dem 11jährigen Nunnez Belera die Folgen der Ausschweifung, die sie seine Schwester gelehrt, nicht verschwiegen? Wenn er sein Princip des Epikuräismus triumphirend darstellen will, darf er doch nicht sagen, daß die Wonne des Lasters nur eine momentane ist. Er dürfte nicht auf die schlimmen Folgen der Sünden hindeuten.

Er that es aber zufolge einer anderen Theorie, die eben so absurd und verbrecherisch ist, wie Alles, was er als Grundsatz in seinem Buche aufstellt, indem er behauptet, die höchste Potenzirung des sinnlichen Genusses sei der Todeskampf. Er geht darin so weit, zu behaupten, die Menschen würden sich alle selber tödten, wenn sie die Wollust kennten die im Todeskampfe liegt und wenn diese sich mehre Male wiederholen ließe. Woher Sâde doch diese Theorie geschöpft haben konnte? Er schließt darauf aus dem Gesichtsausdrucke der Sterbenden, indem er sagt, der Ausdruck der Züge im höchsten Schmerz und höchster Wollust sei ganz derselbe, der Unterschied sei nur der, daß sich beim ersteren das Gefühl durch Aussprechen äußert, während dieses im letzteren Falle stumm bleibt oder die Töne unartikulirt sind.

Meine Leser werden auch schon aus dem bisher Gesagten sehen, daß Sâde in allen seinen Behauptungen die absurdesten Grundsätze und Hypothesen aufstellt, doch immer dabei den sinnlichen Genuß als Lebenszweck betrachtet, dem jede andere Rücksicht hintenangesetzt werden sollte.

Kehren wir aber zu Juliette zurück.

Unter den Damen ihrer Bekanntschaft befindet sich auch die Gattin eines Granden, die sie für sich eingenommen, um durch ihre Vermittelung sich an dem Camaldulenserguardian zu rächen. Dieser hatte nämlich Donna Silvia di Ronzero in seiner Jugend geliebt und sich ins Kloster zurückgezogen, weil er sie nicht zur Gattin erhielt. Donna Silvia wird durch Ausschweifungen eben so verhärtet in ihrem Gemüth wie ihre infame Lehrmeisterin und sie erklärt sich bereitwillig den Racheplan Juliettens zu fördern. Eine Gesellschaft von neun Damen begiebt sich auf die Reise und sie kehren bei Nacht in einem Schlosse unweit des Camaldulenserklosters ein. Die Besitzerin dieses Schlosses ist eine Dame der Reisegesellschaft. Sie expediren bei Nacht einen Boten nach dem Kloster, der dem Guardian die Nachricht bringt, Donna Silvia sei tödtlich erkrankt und befinde sich auf dem Schlosse bei ihrer Freundin, die ersucht den Guardian um geistlichen Beistand und dieser begiebt sich in Begleitung des Boten und eines Chorknaben auf das Schloß. Während sich zwei Damen mit dem letzteren unterhalten, wie alle Unterhaltungen in diesem Buche gehalten sind und ihn so berauschen, daß er den Gebrauch seiner Sinne auf einige Stunden verliert, wird der Guardian in einen Salon geführt, in welchem eine ekelhafte Orgie der entmenschten Weiber abgehalten wird. Er erkennt unter ihnen seine ehemalige Geliebte und Juliette. Sogleich ist er der Gefahr, die ihnen unter diesen Weibern bevorsteht, bewußt, er versucht es ihnen zu entkommen, doch sie fallen über ihn her, Juliette mit gezücktem Messer. Er wird in einen Lehnstuhl geworfen, von den Bacchantinnen insultirt, gemißhandelt, und in empörender Weise verstümmelt, daß er ohnmächtig wird. Hierauf bringen sie ihn nach einem Walde, binden ihn an einen Baum und überlassen ihn seinem Schicksale.

Mittlerweile erhalten Sâde und sein Oheim ihre Freiheit wieder und begeben sich insgesammt nach Frankreich zurück.

12. Der Gatte Justinens.

Herr Sevrin, der Gatte Justinens, war dem Marquis von Concon und Justinen nach Frankreich gefolgt. Er hatte vom Camaldulenserguardian, den er ärztlich behandelt, Alles erfahren, was diesem begegnet, doch hatte dieser ihm das Versprechen abgenommen die Sache nicht vor ein Gericht zu bringen, weil dabei der Name Silvias als einer der Hauptmitschuldigen nothwendigerweise compromittirt werden müßte. Hier giebt es wieder einen der Ausfälle des Marquis de Sâde gegen die Tugend. Während der tugendhafte Guardian zum Märtyrer geworden und sich sogar die Befriedigung der Rache nicht gönnt, triumphirt das Laster, indem es sich in seiner Rache wälzt. Herr Sevrin aber kann es nicht unterlassen, dem Marquis zu verstehen zu geben, daß er sein Schweigen nur so lange beobachten wird, bis ihn der Marquis durch die seiner Gattin geltenden Nachstellungen nicht zwingt es zu brechen und Juliette den Gerichten zu übergeben. Concon spottet der Drohungen und glaubt die Gelegenheit gekommen, sich sowohl an der hartherzigen Justine wie an ihrem Gatten zu rächen.

Die erste wird in Folge einer schweren Entbindung etwas leidend und ihr Gatte, der zugleich Arzt ist, glaubt, daß es für ihre Gesundheit zuträglich wäre, wenn sie für einige Zeit die Hauptstadt verließe und aufs Land zöge. Der Marquis von Concon bietet ihm ein hübsches Landgut in der Auvergne, einige Meilen von Clermont Ferrand zum pachten an und Sevrin zieht dahin. Er richtet sich hier ein chemisches Laboratorium ein und lebt mit Justine ganz abgeschieden von aller Welt.

Der Marquis, der es Sevrin nicht merken ließ, als erinnerte er sich der Drohungen, die dieser gegen ihn ausgestoßen, sucht eine Versöhnung mit Sevrin zu Stande zu bringen und es gelingt ihm auch diesen mit der Aufrichtigkeit seiner Reue über seinen bisherigen Lebenswandel zu täuschen.

Ob die Rache, die Verstellung wohl auch zu den Wonnen

des Lasters gehörten, wollte ich doch bezweifeln und ich glaube nicht zu irren, wenn ich der Meinung bin, daß meine Leser hierin mir beipflichten werden. Die Sättigung der Rache, das Resultat einer gut durchgeführten Verstellung mögen für einen Menschen der von diesen schlimmen Neigungen und Leidenschaften dahin getrieben wird, seinen Mitmenschen böses zuzufügen, vielleicht lohnend erscheinen, die Ursachen der ersteren wie der letzteren können aber niemals angenehm sein, noch weniger aber das Gefühl der ersten und die Aengste die Jemand empfinden muß, daß man es erkennt, er verstelle sich und die darauf folgende Entlarvung mag wohl so unangenehm sein wie die befriedigte Rache. Oder denkt Sâde, wie es leider nur zu viel leidenschaftliche und leichtsinnige Menschen thun, ein Augenblick der Wonne wiege das Tausendfältige des entgegengesetzten Gefühls auf? Geht es solchen Leuten nicht wie Lottospielern, die sich in den Gedanken berauschen, was sie thun würden, wenn sie das große Loos gewönnen? Es giebt so viele Leidenschaften, die dem Menschen schon in der Empfindung derselben Leiden schaffen, namentlich sind es die sogenannten sieben Todsünden, (außer vielleicht zwei davon – die auch nur temporäre Lust verschaffen und der Hochmuth, der eine an Wahnsinn grenzende lächerliche Einbildung ist). Warum also diesen Leidenschaften nachhängen? Warum sie Menschen einreden wollen, daß sie angenehm sind?

Abgesehen von der Verruchtheit, die aus der Corruption durch Schilderung der ekelhaften Auftritte herausleuchtet, ist es ein Verbrechen die Menschen auch in anderer Weise so schlimm zu machen, wie der Marquis de Sâde es thut und ein Bösewicht ist derjenige, der die verderblichen Principien, die er sich selber geschaffen, anderen mittheilen will, selbst wenn er glaubt, die Tugend sei nichts als Illusion, wenn aber eine solche Illusion glücklich macht, wozu sie einem rauben, wenn man dafür nichts Besseres als Ersatz zu bieten im Stande ist?

Nachdem sich Herr Sevrin mit seiner Gattin auf dem

Pachtgute in der Auvergne eingerichtet hatte und sich mit voller Seelenruhe seinen chemischen Studien hingebend nicht im Entferntesten daran dachte, ihm könne hier eine Gefahr drohen, waren die Sâde – Concon – und seine Schwester stets davon unterrichtet, welche Bekanntschaften er in der Gegend machte und es gelang ihnen einige derselben in ihre Pläne einzuweihen und sie dafür zu interessiren, um dem Gatten Justinens einen schlimmen Streich zu spielen. Sie bestachen auch seinen Diener, damit dieser die Thüren bei Nacht offen ließe, um in dieser Weise leichter ins Innere des Pachthofes zu dringen, wo sie diesen Streich ausführen wollten.

Während einer kalten Dezembernacht wurde der höllische Plan endlich ausgeführt. Sevrin und seine Gattin saßen eben beim Abendmahle, als der Marquis, sein Oheim und Juliette eintraten. Der Diener, der sie eingelassen, hielt Wache, damit Niemand dem Hause sich näherte. Sevrin wurde von Concon und Vitin übermannt und an einen Stuhl gebunden, während Justine ohnmächtig zu den Füßen der Eingedrungenen lag.

Welche Unwürdigkeiten und Schändlichkeiten noch weiter begangen wurden, wollen wir um so weniger sagen, weil wir diese ganze Episode für ausgesonnen halten. Es ist möglich, daß der Marquis und seine Schwester Alles gethan haben würden, was der erstere in seinem Buche als geschehen vorgiebt. Wir glauben, daß sie dem Arzte eine Pistole vorhielten, daß sie sein Leben bedrohten, daß sie Marterwerkzeuge, eine Säge, ein Beil und ein Bündel Ruthen herbeiholten, daß sie den Gatten auf die Folter spannten und er Zeuge der Mißhandlungen sein mußte, die seine Gattin von diesen Scheusalen zu erdulden hatte. Daß sie sich aber endlich ihnen ergaben und in Alles willigten, was man von ihnen verlangte, dies ist unmöglich. Man kann Martern erliegen, das Bewußtsein verlieren und einem Leichnam gleich für einige Zeit willenlos werden, daß aber die Verzweiflung und der Abscheu Menschen dahin bringen können, selbst Handlungen zu begehen, die eine solche Verzweiflung hervorgerufen hatten, das ist absurd und durchaus unglaublich, es ist ein potenzirterer Wahnsinn als die des feigen Soldaten, der aus Furcht vor einer Schlacht sich das Leben nahm. Noch unglaublicher aber ist es, daß in einem nur halbwegs civilisirten Staate ähnliche Frevelthaten ungeahndet ausgeführt hätten werden können.

13. Reise nach Palermo.

Die Gewaltthätigkeiten, deren sich der Held des Romans schuldig gemacht, mußten endlich die Wachsamkeit der Gerechtigkeit wachgerufen haben, denn er ward sammt seiner Schwester und Vitin gezwungen Frankreich zu verlassen. Ob dies in Wirklichkeit der Fall gewesen oder ob dies nur eine poetische Erfindung des Verfassers ist, vermag ich nicht anzugeben. Obschon der ganze Roman nichts Anderes ist, als die Memoiren des Marquis de Sâde, so kann man doch nicht erkennen, was darin Fiction, was aber Wirklichkeit ist. Er war keine so berühmte historische Persönlichkeit, daß es außer ihm Jemand der Mühe werth gefunden hätte, alle seine Thaten aufzuzeichnen und die Notizen, die hie und da über ihn existiren, sind zu dürftig, zu wenig detaillirt, als daß man darin Alles finden könnte, was er gethan, wohin er gereist und zu welcher Zeit dies geschehen. Es wird zwar in diesen Notizen gesagt, daß er sammt seiner Schwester und seinem Oheim zeitweilig aus Paris verbannt wurde und in Folge dessen nach Italien reiste. Da er jedoch, außer damals als er noch Jüngling war, – wie dies schon oben erwähnt wird, als er mit Justine bekannt wurde, zu zwei verschiedenen Malen nach Italien reiste, so ist es ungewiß, ob die erste Reise eine Folge seiner Verbannung aus Paris war. Deshalb nehme ich seinen Roman diesmal als Autorität an und erzähle demselben die darin befindlichen Ereignisse nach.

Die Gesellschaft reiste von Genua aus zu Wasser und hielt erst in Sicilien an. Eine junge englische Dame, Lady

Hamilton (?) soll sich ihnen auf der Reise angeschlossen haben.

Ich muß hier bemerken und eben deswegen habe ich auch das Fragezeichen hinter dem Namen Hamilton angebracht, daß ich den Namenangaben des Herrn Marquis nicht eben unbedingt Glauben schenke, und dies zwar um so weniger, weil doch sein Buch nur Roman ist, folglich als Fiction gelten soll. Es hat zwar um diese Zeit eine Dame dieses Namens in Paris gelebt, die Geliebte des letzten Prätendenten aus dem Hause Stuart, sie genoß auch nicht des besten Rufes und dieser Prinz hatte es nur dem Umstande zu danken, daß er seine letzten Anhänger unter den Schotten verlor, weil er diese berüchtigte Maitresse nicht von seiner Seite entfernen wollte. Sie ist ihm auch später untreu geworden und reiste im Jahre 1746 – also ein Jahr nach dem letzten Aufstand in Schottland, der mit der Schlacht bei Culloden endete, nach Italien, ob nach Rom oder nach Palermo, dies weiß ich nicht und muß mich hierin an Sâde halten. Es ist also weder unmöglich noch unwahrscheinlich, daß es doch die erwähnte Maitresse gewesen sein mochte.

In Palermo erhielten die Reisenden eine sehr gute Aufnahme bei den Patres Jesuiten, sie hielten sich einen vollen Monat hierselbst auf und machten von da aus Excursionen nach den Inseln in der Umgegend.

Sâde beschreibt hier zwei der größten Orgien, an denen die Patres ihn und seine Begleitung theilnehmen ließen. (Siehe Bd. VII. Seite 145 und Bd. VIII. Seite 159 und 227.)

Wenn man dem Verfasser der Justine und Juliette Glauben schenken dürfte, so waren alle die Schändlichkeiten, die er jemals begangen, den Jesuiten keine Neuigkeit mehr, ja er behauptet sogar, daß er hier so Manches erfahren, was er bis dahin noch gar nicht gekannt. Namentlich widmet er drei Kapitel ausschließlich den Kunstsammlungen im Kloster dieser Menschen. Die Bibliothek soll alle obscönen Bücher, die jemals gedruckt worden, und außerdem eine Menge Manuscripte gleichen Inhalts zählen, nicht anders auch Bücher, in welchen der absoluteste Atheismus gelehrt wird, eine alte Bibel mit sehr obscönen Illustrationen, eine gleiche Legende der Heiligen, mehre Bücher mit Abbildungen von Folterungen der heiligen Inquisition, mit einem Worte eine fürchterliche Sammlung der größten Verbrechen in rosiger Farbe geschildert. Erst hier soll Sâde (oder Concon, wie er sich nennt) die Lösung seiner Theorie, der Wollust des Verbrechens und des Mordes gefunden und einer der Patres sie ihm noch deutlicher erklärt und durch Beispiele illustriert haben.

Die Gemäldegallerie und das Statuenkabinet im Kloster findet hier ebenfalls eine Beschreibung, so wie es auch hier ein Wachsfigurenkabinet – ganz im Sâde'schen Geschmack und Genre – gegeben haben soll. Er erwähnt hier namentlich eine sehr große Wachsfigurengruppe, einen Circus aus Diocletians Zeiten vorstellend, in welchem die ersten christlichen Märtyrer wilden Thieren vorgeworfen werden und eine andere Gruppe als Gegenstück, in welchem Balboa die Indianer – die sich unnatürlichen Lastern hingaben, inmitten einer solchen Orgie überrascht, Bluthunde auf sie hetzen und sie von ihnen zerreißen läßt. Endlich aber eine Mahlzeit der Rothhäute, mit Zerstückelung menschlicher Leichname zum Behuf des Bratens, wie dies Menschenfresser zu thun pflegen. Eine fürchterliche Sammlung fürwahr! So artet die menschliche Natur zuweilen aus! Dies mag ein Studium für Psychologen sein, doch mir ekelte davor. Als ich diese Stelle gelesen, konnte ich mehre Tage weder schlafen, noch schmeckte mir Speise und Trank, nur um das Buch ganz zu kennen und ein Urtheil darüber fällen zu können, überwand ich später meinen Ekel und las es weiter bis ans Ende; doch muß ich gestehen, daß dies noch nicht das Aergste war, was ich darin fand, ich ahnte kaum, daß es noch Entsetzlicheres geben könne, als die Beschreibung dieser sogenannten Kunstschätze. Man muß außerordentlich abgehärtet sein, um einer solchen Beschreibung nicht mit dem Risico der Gesundheit zu unterliegen.

Ich erinnere mich in einer Gemäldegallerie – ich glaube es

war im Cristallpalast zu Sydenham – ein ähnliches Tableau gesehen zu haben, die Christen, die von wilden Thieren im Circus zerrissen werden; das Bild ist überall bekannt und ich habe es auch in Stahlstichen in den Schaufenstern einiger Kunsthandlungen ausgestellt gefunden. Aehnlich diesem giebt es noch mehre Gemälde, wie namentlich der heilige Carl Borromäus im Hospital der Pestkranken, die Königin Jezabel, die von Hunden zerrissen wird, die Austreibung des Teufels aus den Besessenen in der kaiserlichen Gallerie des Wiener Belvedere, von Rubens gemalt. Alle diese Gemälde haben mich angewidert und ich konnte es niemals begreifen, wie die Kunst von derlei Gegenständen von den Künstlern profanirt werden kann.

14. *Der Thierbändiger Ismael Coglio.*

Ehe ich in der Nacherzählung der Handlung fortfahre, halte ich es für meine Pflicht meine Leser in Vorhinein aufmerksam darauf zu machen, daß sie dieses Kapitel lieber überschlagen mögen, wenn sie nicht die Kraft besitzen, das Ungeheuerlichste zu lesen. Wenn sie hingegen Aufregung suchen, dann werden sie sie hier gewiß finden. Ich werde noch später Gelegenheit haben, im Laufe dieses Werkes ähnliche Warnungen vorauszuschicken, wie ich dies erst unlängst in einem Roman Karazius' gefunden habe, der seine Leser ebenso in Vorhinein auf die gräßliche Beschreibung, die er folgen läßt, aufmerksam macht.

Das Nachfolgende – obschon im Originalroman Sâde's eben so obscön dargestellt, wie Alles, was er schreibt, ist an und für sich nichts Unmögliches, ja, wir haben schon ähnliche Geschichten in Zeitungsblättern gelesen: namentlich hat ein pariser Barbier seinen Kunden die Kehlen durchgeschnitten, um aus den Leichnamen Cotelleten zu verfertigen. Ein Salamifabrikant in Verona hatte in den Zwanziger Jahren eine große Anzahl junger Mädchen ermordet, um aus ihrem Fleische Salamiwürste zu bereiten. Ja, erst im vorigen Jahre haben die ungarischen Journale von einem Wurstfabrikanten in Pesth erzählt, bei dem eine gerichtliche Untersuchung stattfand, weil er im Verdachte stand, aus Leichnamen Würste gemacht zu haben. Dies sind unleugbare Thatsachen, die dafür sprechen, daß Aehnliches geschehen kann, weil die Wirklichkeit stets der schlagendste Beweis der Möglichkeit einer Sache ist.

Der Marquis machte mit seinem Oheime und seinen beiden weiblichen Begleiterinnen, Juliette und Lady Hamilton eine Landpartie nach dem Monte Gibello (Aetnä), während einer partiellen Eruption des feuerspeienden Berges. Die brennende Lava drang bis an jenen von allen Touristen besuchten berühmten Riesenkastanienbaum, den einzigen in seiner Art, dessen Rinde Millionen Namen eingeschnitzt an sich trägt. Am Fuße dieses Kastanienbaumes machte die Gesellschaft unserer vier Bekannten Halt. Ein Feuergürtel umschließt sie, während sie sich der Unzucht hingeben und sich mit Syrakusanerwein berauschen usw. „Wäre es nicht ein wohllüstiger Tod“, ruft Concon aus, „hier umzukommen in diesem Flammenmeere? Wäre diese Hitze eine größere als jene ist, die in unserem Inneren brennt? Vielleicht wäre die Flammenflut die einzige, die das Feuer meines Blutes löschte?“ Juliette bemerkt hierauf, sie würde es vorziehen ein Mädchen verbrennen sehen und von einer anderen zu speisen. Dieses und die Fortsetzung eines noch viel abscheulicheren Gesprächs wird von einem Menschen belauscht, der hinter dem Kastanienbaum sich zurückgezogen hatte und Zeuge der Unterhaltung der vier Personen ist. Er tritt unter sie. Es ist ein häßlicher Mensch mit einem rothen Bart, ein Jude, Namens Ismael Coglio, Besitzer einer Menagerie und Thierbändiger. Er stellt sich den Vieren vor und bietet ihnen ein Schauspiel an, wie sie noch keines gesehen. Er ladet sie zu sich ein nach Catania, wo er sich aufhält.“

Die Neuheit des Schauspiels reizt die Verruchten viel zu sehr, als daß sie der erhaltenen Einladung keine Folge leisten sollten. Sie begeben sich demnach nach Catania.

Ismael Coglio wohnt ziemlich weit von der Stadt in einer Schlucht, und einem Gebäude, welches zufolge des Volksaberglaubens gemieden wird. Dennoch befinden sich hier drei Landmädchen, die die Aussicht auf einen großen Verdienst hierher gelockt hat. Sie sind in einem Wartezimmer, als die Gäste Coglio's eintreten. Man hört das Gebrüll wilder Thiere. Coglio führt seine Gäste an ein Fenster, welches in einen engen Hofraum eine Aussicht gewährt. Im Hofe erblickt man einen Löwen, einen Polarbären, eine Löwin und eine Hyäne. Coglio wendet sich an eines der Mädchen und sagt ihr, sie möge sich entkleiden, weil er sie den Thieren zur Nahrung hinabwerfen will.

Die Beschreibung, die hierauf folgt, ist eine solche, um Einen – nicht bildlich gesprochen – das Blut zum Stocken zu bringen. Die Verzweiflung der unschuldigen Opfer, ihr Geschrei, ihr Röcheln, als eine nach der anderen in den Zwinger geschleudert und von den wilden Thieren zerrissen wird. Coglio steigt hierauf selber hinab, entreißt eines der zuckenden Glieder den wilden Bestien und schlürft das warme Blut aus den geöffneten Arterien, dann aber reicht er es den Zuschauern und Zuschauerinnen die seinem Beispiele folgten.

Wir fragen nun, welchen Tod verdienten solche Ungeheuer? Welche Strafe wäre genügend für sie? Ja selbst für denjenigen, der mit sorgfältigem Pinsel und sich daran ergötzend, einen solchen Akt der kannibalischsten Grausamkeit ausmalt? Eine irdische Strafe genügte kaum und wir glauben zu sehr an eine ewige Vorsehung als daß wir an einer jenseitigen zweifeln sollten.

15. Grausamkeit und Sinneslust in den Klöstern.

Die Beschreibungen anderer Schändlichkeiten, die in mehren Klöstern, in männlichen wie in weiblichen, begangen wurden, nimmt mehrere Kapitel in Sâdes Buche ein. Ich war durchaus nicht überrascht, daß ich diese Scenen las.

Daß das Martern von Kindern, die den Mönchen und Nonnen zur Erziehung anvertraut werden, zu den alltäglichen Ereignissen gehört, kann Niemandem etwas überraschend Neues sein. Hat doch auch in neuester Zeit die Krakauer Nonnengeschichte – wir meinen der Nonne Barbara Ubryk, die über zwanzig Jahre in einem unterirdischen Loche schmachtete und deren Rücken noch die Spuren von Geiselhieben an sich trug, Zeugniß darüber geliefert, wie die Nonnen gegen einander verfahren; ja diese Nonnenskandale haben einige Zeit hindurch in einer der gelesensten Zeitungen einen stehenden Artikel gebildet.

Das Martern, besonders das Geiseln und Streichen mit Ruthen, war seit jeher eine Lieblingsstrafe des katholischen Pfaffenwesens. In den Schulen, in welchen die Erziehung der Kinder Pfaffen oder Mönchen anvertraut wurde, hörte das Peitschen mit Ruthen am spätesten auf, ja es ist noch nicht überall aus der Mode gekommen, während es in solchen Schulen, in welchen Lehrer des Civilstandes die Erziehung der Kinder übernommen, seit längster Zeit abgeschafft worden ist. Ich selbst erinnere mich noch sehr gut, daß in einem Gymnasium, wo die Professoren aus dem Orden der Prämonstratenser die Kinder in den Studien unterrichten sollten, mehr als die Hälfte der Zeit, die dem Prälegiren gewidmet hätten sein sollen, damit verschwendet wurde, daß man mehre Buben auf die Bank legte, um sie mit der Ruthe zu züchtigen.

Eine vornehme Dame hatte zwei ihrer Töchter in ein Nonnenkloster geben wollen, doch die Vorsteherin machte es zur Bedingung, daß sie dieselben, (Mädchen von 12–14 Jahren) körperlich und zwar mit der Ruthe züchtigen könne, und da sich die Mutter weigerte, ihre Einwilligung hierzu zu geben, die Oberin aber auf ihrer Bedingung bestand, zog die erstere es vor ihren Kindern eine häusliche Erziehung zu geben.

Eine ähnliche Unsitte herrscht übrigens nicht nur in Nonnenklöstern, sondern auch hie und da im Bürgerstande, namentlich unter den Putz- und Kleidermacherinnen, die ihre weiblichen Lehrlinge mit Ruthenstreichen züchtigen. Ueberhaupt habe ich die Bemerkung gemacht, daß es bei Frauen viel häufiger vorkommt, als bei Männern. Bei den letzteren wird die körperliche Züchtigung zwar in so ferne häufiger vorkommen, weil die Natur des Mannes überhaupt eine etwas derbere und rohere ist, doch geschieht die Züchtigung sehr selten deshalb, damit sie sich an den Leiden der Bestraften weiden, wie dies bei Frauen der Fall ist, die dabei eine ihnen angenehme Aufregung fühlen.

Der Marquis de Sâde schaltet hier die Erzählungen der Lady Hamilton und Juliettens ein, die einige Zeit in den verschiedenen Nonnenklöstern zubrachten und Zeuginnen des Thuns und Treibens dieser sich Bräute Christi nennenden weiblichen Scheusale waren. Sie lebten ausschließlich nur den ausschweifendsten Genüssen und ihre beiden Gastinnen lernten von ihnen Mancherlei, was sie nicht kannten, andererseits aber belohnten sie ihre Wirthinnen auch mit Neuigkeiten. Sie sprachen mit ihnen darüber, was sie zu Catania gesehen, von dem Thierbändiger Coglio und die Nonnen bedauerten dies nicht auch sehen zu können.

Während sich Juliette und Lady Hamilton in den Nonnenklöstern herumtrieben, waren Concon und Vitin Gäste der Mönche. Es gelang ihnen sich in die Gunst derselben einzuschmeicheln und von ihnen in die schauderhaftesten Geheimnisse eingeweiht zu werden. Auch in diesen Männerklöstern herrschte die flugwürdige Unsitte des Marterns, nicht so viel durch Geiselung, sondern in jener Art, wie dies bei den Inquisitionsgerichten in Spanien und Italien gebräuchlich war. Die Spanier haben in diesem Fache das non plus ultra erreicht und die meisten Folterwerkzeuge wurden von ihnen in Neapel und Sicilien unter der Herrschaft der spanischen Bourbonen eingeführt.

Die Liste und die Beschreibung der Folterwerkzeuge ist eine sehr lange in diesem Buche und die Mönche gaben dem Marquis und Pater Vitin praktische Beispiele der Anwendung derselben. Mehre Unglückliche, Männer, Weiber und Kinder beiderlei Geschlechts wurden in den unterirdischen Räumen der Klöster gefoltert, mittelst Daumschrauben, spanischen Stiefeln und durch die Winde, mittelst welcher die elenden Opfer hinaufgewunden wurden, ihr Jammergeschrei erfüllte die Räume und sie wurden halb verkrüppelt wiederum herabgelassen.

Dasselbe gräßliche Schauspiel mit der Winde fand bei den Mönchen und ihren Gästen den größten Beifall, sie wiederholten es mehre Male und einmal auch in einem an einen Garten angrenzenden Pavillon. Hier wurden drei Weiber in die Höhe gezogen (siehe Band VIII Seite 257). Der Fußboden war mit Marmorplatten ausgelegt, der Marquis, Juliette, Vitin und Lady Hamilton zogen die Opfer hinauf und banden die Ende der Seile an Holzflöcke, die die Thürpfosten bildeten. Die Weiber, die hier gemartert wurden, hatten sich dieser Pein freiwillig unterworfen, es waren elende Lazzaroniweiber. Einer der Stricke riß, – Sâde gesteht, daß er einen der Stricke, denjenigen, an welchen er das schwerste der Weiber angebunden, an einer Stelle zur Hälfte durchgesägt hatte, so daß, als die unglückliche sich unter den größten Schmerzen, welche die in ihr Fleisch dringenden Seile verursachten, etwas unruhiger geberdete, der Strick entzwei riß und sie stürzte von einer Höhe von 18 Fuß auf die glatten Marmorplatten, auf welchen sie sich so gräßlich zerschellte, daß nicht ein einziges Glied an ihrem Körper unbeschädigt blieb, sie zerbrach sich Arme und Beine, so wie auch einige Rippen. Die beiden anderen Weiber, die dies von der Höhe sahen, jammerten nun auf entsetzliche Weise und flehten ihre Peiniger möchten sie hinablassen. Da sich jedoch Concon und seine Mitschuldigen fürchteten, dieses Verbrechen könnte den Gerichten verrathen werden, tödteten sie die beiden anderen Weiber mit Messerstichen und alle drei Leichname wurden von ihnen im Garten sehr tief verscharrt.

Ich unterlasse es hier eine eben so schändliche Handlung, die Concon und Vitin an den drei Leichnamen der Lazzaroniweiber begangen, zu bezeichnen, es war ein Verbrechen, welches noch vor einem Jahrhundert nicht ganz unerhört gewesen sein mußte, denn die Maria Theresian'sche peinliche Halsgerichtsordnung erwähnt desselben ebenfalls und die Uebertreter des Gesetzes in dieser Beziehung wurden zum Tode durch den Scheiterhaufen verurtheilt.

Außer den Folterungen und den in diesem Kapitel angedeuteten Infamien, wimmelten die Klöster von jungen Personen beiderlei Geschlechts, unmündigen Knaben und Mädchen, die sich den unnatürlichen Ausschweifungen der Mönche und Nonnen hingaben, nicht allein der Belohnung wegen, sondern aus freien Stücken. Aehnliche Beispiele sind in südlichen Ländern durchaus nicht selten, zumal in Italien und im osmanischen Reiche, ja in dem letzteren ist dieses Laster so allgemein, wie die weibliche Prostitution im civilisirten Theile Europa's. Diese Schändlichkeiten werden dort von den Gesetzen nicht einmal geahndet und Viele der Würdenträger im Oriente haben ihre Laufbahn dadurch begonnen, daß sie dem Sultan und anderen hochgestellten Personen zur Befriedigung ihrer Lüste dienten. Ob dieses Laster wenigstens in Italien abgenommen, steht zu bezweifeln, denn dort ist es auch durch den Gebrauch sanctionirt.

16. Zwei große Orgien zu Ehren hoher Personen.

Die Gesellschaft der Verbrecher – ich vermag es nicht sie anders zu nennen, begab sich nach einiger Zeit, wie der Autobiograph angiebt, vom König zurückberufen – nach Frankreich. Lady Hamilton trennte sich von ihnen. Die Ursache der Trennung wird nicht angegeben, wir sind aber froh wenigstens eine der Megären losgeworden zu sein. Was die Zurückberufung veranlaßt, wird ebenfalls verschwiegen, die Ursache ist auch nicht von Wichtigkeit.

Der Marquis begab sich sammt seiner Schwester sofort nach Versailles zum König, der ihn sehr gut empfing, und sein Bedauern darüber ausdrückte, ihn so lange entbehrt zu haben. Er frägt ihn über seine Abenteuer und Erlebnisse aus und die Erzählung derselben – die aber der Verfasser nicht wiederholt, da sie seinen Lesern schon bekannt ist, entzückt den königlichen Wüstling so sehr, daß er Einiges, was ihm Concon so lebhaft ausgemalt, selber gern durchmachen möchte. Er läßt Sartiges, seinen Polizeiminister zu sich entbieten und frägt ihn, ob es ähnliche Schauspiele – Folterungen – zu sehen gäbe. Der servile Minister will seinem Herrn ein solches Vergnügen machen und Ludwig besucht verkleidet die Lokale, wo schwere Verbrecher gefoltert werden, so wie er auch der Hinrichtung mehrer solcher Elenden beiwohnt. (Es ist nur zu bekannt, daß Ludwig XV. aus einem der Fenster des Grèveplatzes der Viertheilung Damiens', der ihn ermorden wollte, zusah.) Namentlich interessirte ihn die Hinrichtung einer berüchtigten Giftmischerin (Sâde nennt sie nicht, doch ist es sehr wahrscheinlich, daß es die Marquise von Brinvilliers gewesen sein mochte, deren Hinrichtung in die Regierungszeit dieses Königs fällt). Indessen hatte der König seinen Nerven doch zu viel zugetraut, denn bei Gelegenheit der Folterung eines jungen Mädchens, die der Theilnahme an einem Raubmord angeklagt ward, hatte ihn das entsetzliche Schauspiel so sehr ergriffen und aufgeregt, daß er darüber in Ohnmacht fiel und als er wieder zu sich kam, fragte er, ob die Person noch lebe. Die Folterung der Angeklagten wurde sofort nach dem Ohnmächtigwerden des Königs eingestellt und dieser verlangte, sie möge freigelassen werden. Sie kam hierauf nach dem Hirschpark und hatte ihr nachmaliges Glück, denn der König beschenkte sie reichlich, mit einigen Schrammen noch ziemlich wohlfeil erkauft. Es waren auch nicht die Augen, die dabei beim König am meisten durch das Schauspiel ergriffen wurden, sondern das Gehör, denn noch niemals in seinem Leben hatte er ein so durchdringendes markerschütterndes Gekreisch gehört. Als sie der König satt wurde, empfahl er sie seinem geheimen Maître des plaisirs, dem Marquis de Sâde und seiner Schwester Juliette.

Diese Person, die der Autor unter dem Namen Fréluquet Mortandal einführt, spielt in den beiden letzten Bänden des Romans eine hervorragende Rolle, sammt ihrer Mutter, einer ausgelernten Hetäre.

Concon giebt bald darauf dem Könige und einigen Gesandten zu Ehren zwei große Abendunterhaltungen. Die erste (siehe Band IX. Seite 136) ist das Scheußlichste was man sich nur denken kann, und wie es nur die krankhafteste Phantasie zu ersinnen vermag.

Ehe ich über die beiden Festlichkeiten weiter spreche, sehe ich mich genöthigt Etwas nachzuholen, was ich während des Schreibens vergessen habe. Sâde (oder Concon) nennt nirgends den König, als ob dieser an den Ausschweifungen theilgenommen hätte, er bezeichnet ihn nur als Großherzog (Grand Duc) der Sonne (du Soleil). Der Großvater dieses Königs, Ludwig XIV., verglich sich stets mit diesem Himmelskörper, daher mag Sâde die Benennung für den Onkel vielleicht passend gefunden haben. Er nennt ihn nebenbei seinen hohen Gönner, den Liebling der Liebesgötter u. s. w. Und Ludwig XV., der es doch vermuthen konnte, daß man ihn unter diesen Benennungen erkennen würde, machte sich nicht viel daraus. Es ward ja nichts Schlimmeres über ihn gesagt, als daß er der galanteste Mann in Frankreich war und so groß war die Verderbniß der Sitten jener Zeit, daß sich Menschen mit von ihnen begangenen Abscheulichkeiten brüsteten, deren sich jetzt selbst der frechste Lotterbube schämen müßte.

Beiläufig sei es noch erwähnt, hatten die galanten Herren in Paris zu dieser Zeit nicht nur ihre Weiberharems, sondern sie lebten in einer Weise, wie dies die Geschichte von Heinrich III. aus dem Hause Valois, von Jakob I. von England, von Wilhelm III. aus dem Hause Oranien, von Ludwig XIII. von Frankreich und noch unzähligen anderen Königen und Prinzen erzählt und es allgemein bekannt ist, daß sie ihre Mignons hatten, ganz so wie der Sultan. In Frankreich ist diese Infamie auch jetzt noch nicht ganz abgekommen, doch schämt man sich jetzt dies einzugestehen.

Die bereits erwähnte infame Abendunterhaltung fand im Salon der Mutter Madame Freluquets statt beide Letzteren, die Mutter, eine Frau von 61 Jahren, nahm daran aktiv theil, ferner ein mißgestalteter Zwerg, der sich ums Geld auf öffentlichen Märkten zeigen ließ, ein Ungeheuer der Häßlichkeit; ja sogar Thiere, nämlich Böcke, Ziegen, Hunde, Hündinnen und Affen spielten dabei eine Rolle mit, und einem Kinde, einem 4jährigen Mädchen, wurde von Juliette während dieser Orgie ein Messer in die Kehle gestoßen, die Hunde und die Menschen oder vielmehr Unmenschen, sogen das Blut aus der Wunde. Daß das Kind dabei umkam, ist selbstverständlich.

Die in diesem Kapitel des Sâde'schen Romans beschriebenen Bestialitäten sind eben so empörend wie Alles, was diesen vorangeht und nachfolgt, doch leider sind es nicht aus der Luft gegriffene Phantasien, sondern scheußliche Gemälde nach der Natur. Sind doch erst vor wenigen Jahren mehre Serien obscöner Photographien mit Text von einem der berühmtesten Schriftsteller Frankreichs herausgegeben worden, in welcher die Vertraulichkeiten einer hochgepriesenen Dichterin mit Affen dargestellt werden, ja sogar die Journale erwähnen ähnliche Bestialitäten. Wir verweisen unsere Leser auf die Berichte der Criminalgerichte und über schwere polizeiliche Vergehen.

In der dieser Orgie auf dem Fuße folgenden Beschreibung der Ausstattung des Tanzsaales und des olympischen Balles (siehe Band IX. Seite 15) findet man eine solche Fülle des glänzendsten Styls, wie vielleicht nirgends im ganzen Roman. Es beschleicht Einem beim Lesen unwillkührlich ein Gefühl des Bedauerns, daß ein so genialer Schriftsteller wie der Marquis de Sâde, seine Feder so oft in Unflat taucht, obschon sie, wenn er wollte, stets Nektar ausströmen könnte.

Ich will dieses Kapitel nicht als eins bezeichnen, von dem ein Leser erbaut werden könnte, weit entfernt davon, denn es ist eins der frivolsten und ausgelassensten, doch ist wenigstens dabei keine Unnatur, nichts, wovor man schaudern müßte, wie in den vorhergehenden, in welchen unnatürliche Ausschweifungen, Mord, Folterungen, Bestialitäten und Zerfleischungen von Thieren dargestellt werden.

Daß solche Bälle zu Paris während der Regierungszeit Ludwigs XV., ebenso auch während der Regentschaft Philipps von Orleans und sogar später unter der Regierung Ludwigs XVI. gegeben worden, ist leider eine historische Thatsache. Einige Memoiren sagen theils ganz unverhohlen, andere hinwieder nur andeutungsweise, daß sogar die unglückliche Königin Marie Antoinette solchen von ihrem Schwager, dem Grafen von Artois, gegebenen Bällen beiwohnte; daß sie damit verdächtigt wurde, ist gewiß, und das Volk insultirte sie und die Prinzessin von Camballe damit, daß man ihnen das Besuchen dieser Orgien vorwarf und obendrein die Königin eine österreichische Metze nannte.

17. Der russische Gesandte.

Der Marquis de Sâde hatte zu der so eben erwähnten glänzenden Abendunterhaltung auch den Gesandten von Rußland eingeladen und dieser schildert während des Soupers das Leben der Großen und das des russischen Volkes. Die Details sind ziemlich interessant und wenn das, was uns der Marquis als aus dem Munde des russischen Gesandten kommend, erzählt, wahr ist, so liefert dies uns ein trauriges Bild der Demoralisation dieses erst in den Windeln der Civilisation sich befindlichen Volkes. Man möchte über die Menschheit beinahe verzweifeln, wenn man sieht, daß moralische Depravation in Ländern, wohin die Civilisation noch nicht gedrungen, eben so umherwuchert, als dort, wo sie feste Wurzeln gefaßt und man weiß nicht, welcher Zustand der wünschenswerthere sei, der der höchsten Civilisation oder der ursprünglichen Rohheit und Einfachheit.

Schon im alten Testament kommen empörende Beispiele der Entsittlichung ganzer Völkerschaften vor. Gott bestrafte sie durch Feuer und Wasser, durch die Sündflut und den Untergang Sodom's und Gomorrha's durch Flammen, und im Angesichte des göttlichen Zornes erliegt dennoch der Greis Lot der Versuchung. Assyrien, Babylon und Persien, diese drei colossalen Reiche, gehen in Folge der Entsittlichung zu Grunde, nicht minder Rom, und wie weit das osmanische Reich und Frankreich in Folge sinnlicher Ausschweifungen der Volksmassen herabgekommen sind, dies können wir mit eigenen Augen sehen. Gehen wir nach Italien, nach Spanien, nach Oesterreich und Ungarn und wir werden es nirgends anders finden, und über Rußland wissen wir auch so viel, daß die Aristokratie in diesem Reiche der französischen in Sittenverderbniß in nichts nachsteht.

Seit jener Zeit, in welcher der russische Gesandte der Gesellschaft des Marquis de Sâde die interessanten Details über die Ausschweifungen der Aristokratie und des gemeinen Volks gegeben, hat sich bei der ersteren nichts verändert. Daß Männer die Ehre ihrer Gattin auf ein Kartenblatt setzen, ihre Töchter für längere oder kürzere Zeit feil bieten, daß in den Familien der hohen Aristokratie die Gesetze Mosis in Bezug auf verbotene Grade der Blutsverwandtschaft nicht berücksichtigt werden, daß Väter ihre Töchter, Mütter ihre Söhne, Geschwister unter einander und gegenseitig sich verführen und verführen lassen, daß man unter der Aristokratie gewisse widernatürliche Laster auch kennt und dies schon seit Peters des Großen Zeiten so gewesen, alles dies nimmt uns nicht Wunder, um so weniger, da die scandalösesten Ausschweifungen von Hofe ausgegangen – zumal von jener berüchtigten russischen Messalina Katharina II. – daß aber die tiefste Entsittlichung, das widernatürliche Laster auch unter dem gemeinen Volke herrschen und schon zu jener Zeit geherrscht haben sollen, in welcher der Marquis de Sâde gelebt, dies war uns fremd. Die lateinische Race ist in allen ihren Abkömmlingen als die ausschweifendste in Europa bekannt, die germanische und slavische haben sich in dieser Beziehung mehr gegen die geschlechtlichen Laster verwahrt, dafür fröhnen sie aber um so mehr dem Wein, dem Bier und Branntweine. Die einzigen Russen machen (nach Sâde) davon eine Ausnahme, wenn man seinen Worten trauen darf.

18. Ein zweites Pandemonium.

Meine Leser werden wahrscheinlich glauben, der Marquis de Sâde habe nach jener Razzia, die er im Hause des Herrn und Madame Sevrin ausgeführt, und nachdem er über die Letztere einen Sieg errungen, diese seine erste Geliebte aufgegeben? Ich hatte dasselbe geglaubt, denn ihr Name wird im Buche nach der eben erwähnten Razzia die längste Zeit nicht erwähnt. Man glaubt eine der Hauptheldinnen sei für immer verschwunden. Dem ist nicht so. Wenn man aus dem Sâde'schen Buche einen anderen Roman machen wollte mit Hinweglassung der Schändlichkeiten, so müßte auch die Structur des Buches hie und da verändert werden und namentlich ist ein so plötzliches ex obrupto Verschwinden einer der Hauptpersonen ein Fehler wider die Einheit der Handlung und der Personen, die in einem Romane eben so wie in einem Heldengedichte oder einem Schauspiele eingehalten werden sollten, denn es ist ein großer Irrthum zu glauben, ein Romantiker genieße eine so vollkommene Freiheit, daß er sich über die Einheiten hinaussetzen dürfe; wenn er es ja thut, dann verliert sein Buch den Typus, der von allen Novellisten für Romane angenommen ist, es wird zu einer Rapsodie, zu einem literarischen Kaleidoskop.

Herr Sevrin war kurze Zeit nach dem schändlichen Handstreich, den Concon und seine Bande gegen ihn ausführte gestorben. Es ist sehr wahrscheinlich, daß ihn Sâde nur deshalb sterben läßt, um seiner Theorie über die Gefahren der Tugend mehr Gewicht zu geben. Er hatte seiner Wittwe ein unabhängiges Vermögen hinterlassen und Justine kehrte nach Paris zurück. Obschon sie sich für einen Augenblick dem Laster hingegeben, war sie doch in ihrer Seele tugendhaft geblieben. Wir mögen diesen Schuß Sâdes nicht bekämpfen, sind doch auch Lucretia und Cuba, obschon von Tyrannen und durch Gewalt erobert, keusch und tugendhaft geblieben, was jedoch bei Justine nicht eben so angenommen werden darf, denn Lucretia und Cuba wollten ihre Schande nicht überleben, wogegen Justine es sich nicht einfallen ließ sich zu ermorden.

Concon traf mit ihr in Paris zusammen, jetzt, als er sie frei sah, erneuerte er von Neuem seine Anträge, ja er ließ sich sogar herbei ihr seine Hand und die Theilung seines Vermögens anzubieten. Er bestürmt sie mit seinen anakreonischen und epikuräischen Sophismen; Justine aber – sei es, daß sie kein feuriges verliebtes Temperament besitzt oder weil sie wirklich tugendhaft bleiben will, weist seine Anträge zurück. Sie will es aber nicht ganz unbedingt verschwören, sondern thut es mit einem Vorbehalte, bis dahin, bis sie von selber den Entschluß fassen würde dem Vergnügen zu leben. Concon bittet sie, sie möge sich selber auf die Probe stellen und sie wagt es, mit ihm eine Wette einzugehen, eine sehr gefährliche Wette, die aus nichts geringerem besteht, als daß sie sich bereitwillig erklärt, sich allen Anlockungen und Versuchungen zu unterwerfen und ihnen zu widerstehen.

Concon bestimmt einen gewissen Tag, an welchem die Versuchungen beginnen sollen und Justine verspricht an dem Tage zu ihm zu kommen.

Eine neue Orgie wird von ihm und seinen weiblichen und männlichen Lastergefährten vorbereitet. Justine will ungesehen Alles sehen und pocht auf ihre Stärke, auf ihre Tugend. Die Gefährten und Gefährtinnen Sâdes wissen, daß sie hinter einem Gazevorhange versteckt sich befindet und sind in Folge dessen nur um so ausgelassener. Die Versuchung soll volle 48 Stunden währen, Justine wird in ihrer Kammer von bildschönen Kindern, Mädchen und Knaben, ganz in adamitschen Zustande gruppirt, empfangen. Sie hat sich gegen eine Einschläferung und Narcotisirung vorgesehen, denn sie bringt Victualien und Getränke selber mit. Obschon ihr Concon auf sein Ehrenwort versprochen, weder Gewalt und Zwang noch narkotische Mittel zu ihrer Besiegung anzuwenden, scheint sie ihm doch nicht getraut zu haben.

Wie gewöhnlich, so beginnt auch dieses Fest mit gewissen Vorspielen, die nicht übertrieben drastisch sind. Der Herr Marquis hatte es stets verstanden in alle seine Lustbarkeiten eine gewisse Abstufung hineinzubringen, so daß die Sinne sich an die Entsetzlichkeiten nach und nach gewöhnen können. Dies sieht man auch im Verfassen seines Buches, wenn er in seinen ersten Bänden so schriebe und solche Episoden einflechten wollte, wie im vierten und noch weiteren, dann würden die wenigsten Leser, auf die er gerechnet und für die er geschrieben, sein Buch durchgelesen haben.

Der erste Tag endet mit einem Bacchanal. Die Gäste ergeben sich allen sinnlichen Ausschweifungen. Es wird getanzt, man führt mythologische Scenen auf, ein glänzendes Souper befriedigt den Gaumen der Theilnehmenden, sie leben vielleicht noch mehr dem Rebengotte, als jenem der Gärten, denn es wäre eine Profanation des heiligsten aller Gefühle, wenn wir hier sagen wollten, die Liebesgötter hätten dabei auch Antheil gehabt. Es ist ein ekelhaftes Pandemonium des Weinrausches... Die Bacchanten werden von den genossenen Getränken zu Boden geworfen, sie wälzen sich gleich den unreinsten Thieren auf den Teppichen, zwischen zerbrochenen Flaschen, Weingläsern, Tellern, Ueberresten von Speisen, zerdrücktem Obst und anderen flüssigen und nicht flüssigen Substanzen. Drei der Bacchantinnen liegen aufeinander in einem ungeheueren Korbe auf dem Tische.

Concon selbst, obwohl am meisten abgehärtet, vermag es nicht mehr sich vom Boden zu erheben. Es scheint ihm, als öffnete sich der Gazevorhang und als ob Justine einträte, um sich die scheußlichen Gruppen in der Nähe zu besehen.

Sie tritt auch an Concon heran, sie berührt ihn und er ist verzweifelt darüber, daß ihn der Wein ohnmächtig gemacht. Am nächsten Tage währt die Orgie fort und Freluquet unterwirft sich verschiedenen Peinigungen. Dies ist ihre starke Seite. Ihr Kreischen bringt Justine in alle Nerven und sie stürzt hervor auf jene Platform, wo sich die Gefolterte befindet.

Das letzte Schauspiel war für ihre Tugend zu viel. Sie erklärt sich besiegt und Concon feiert endlich einen vollkommenen Triumph über sie. Sie überließ sich ganz ihrem neuerkornen Mentor, der sie alle Ausschweifungen durchmachen läßt.

19. Platonische Liebe eines Wüstlings.

„Der Mensch besteht aus nichts als aus Widersprüchen", sagt Voltaire in einem seiner Werke. Er selber hat diesen Widerspruch am unwiderlegbarsten dargethan. Dieser Spötter und Verächter des Glaubens, dessen Werke von atheistischen Ansichten strotzen, soll doch einmal, als man ihn fragte, ob er an eine Gottheit glaubte und wenn ja, wie er davon überzeugt sein könne, mit den Worten geantwortet haben: „indem ich um mich blicke."

Eben dies läßt sich auch in mancher Beziehung von Sâde behaupten. Dieser ekelhafte Wüstling, der jede Tugend, jedes reinere Gefühl verspottet, hat doch seit seinen Jünglingsjahren eine Leidenschaft im Herzen getragen, die von jenen, die ihn sonst beherrschten, ganz verschieden war. Ich meine seine Liebe zu Justine. Er mag in seinem abscheulichen Buche alle möglichen Schändlichkeiten predigen und selbst seine Liebe oder die Begierden, die ihn zu Justine hinzogen, als rein sinnlich und thierisch bezeichnen, so widerspricht er sich doch in den letzten Kapiteln des IX. Bandes, wo er gesteht, Justine habe eine solche Macht über ihn erlangt, daß er bereit gewesen wäre, allen Liebesgenüssen zu entsagen und er würde sich an ihrer Seite, selbst wenn sie ihn zur möglichsten Enthaltsamkeit gezwungen hätte, glücklich gefühlt haben. Und dies spricht ein Mann von 42 Jahren von einer Frau von gleichem Alter. Ist es da wohl wahrscheinlich, daß sie in so vorgerückten Jahren ihre Jugendfrische, das Einzige, was einen so sinnlichen Menschen reizen kann, behalten habe? Sie mochte noch so schön gewesen sein, so hatte Sâde gewiß schon schönere und viel jüngere Weiber gesehen. Es war also eine edlere Regung in ihm, nachdem er sie endlich in seine Macht bekommen, die er noch immer ausbilden und seine ehemaligen Infamien bereuen konnte. Und Justine ist gewiß kein Ideal, eben so wenig wie Juliette, wie Vitin, wie er selbst und die meisten der Personen, die in seinem Romane vorkommen.

Daß ihn das ausschweifende Leben, welches er bis dahin geführt, angeekelt, daß er mit seiner Vergangenheit brechen wollte, beweist auch der Umstand, daß er sich, nachdem er Justine erobert, von seinen Banden losmachen wollte, was er auch theilweise ausführte, denn er verließ in ihrer Gesellschaft Paris und Frankreich und eilte nach der Schweiz, wo er zwei Monate in völliger Zurückgezogenheit mit Justine lebte. In Lausanne begegnete er einem seiner Bekannten, einem Cavalier, der an seinen Orgien theilgenommen und von dem er befürchtete, er würde bei seiner Rückkehr nach Paris Sâde's Aufenthaltsort verrathen. Um also einer Entdeckung und einem Nachspüren Seitens seiner Freunde auszuweichen, verließ er die Schweiz und begab sich nach Italien und zwar nach Rom.

Eine andächtige Laune hatte hier ihn und Justine angewandelt. Sâde erzählt, es sei Beider Vorsatz gewesen sich in Klöster zurückzuziehen. Doch dieser Vorsatz war nur eine vorübergehende Laune. Sâde wußte nur zu gut, daß er in einem Kloster den Versuchungen noch mehr ausgesetzt werden würde, und der Gedanke sich von Justine zu trennen war ihm unerträglich.

Wenn man seinen Geständnissen Glauben schenken darf, so war er wirklich der Genüsse überdrüssig geworden. Die Sehnsucht zu größeren war zwar noch immer vorhanden, wo und wie aber hätte er solche finden können? Hatte er nicht schon alle Ausschweifungen durchgemacht? Hatte er sich nicht an Allem satt geschwelgt bis zum Ekel? Konnte er noch etwas Neues ersinnen? Selbst das Schrecklichste, was ihn am meisten aufgeregt hatte, Hinrichtungen, Folterungen, der Anblick von höchster Schönheit und Grauen erregenden Schauspielen fanden ihn schon abgestumpft, so sehr er auch darnach trachtete eine neue Aufregung zu finden.

In dieser verzweifelten Stimmung kamen ihm aus Paris verschiedene Nachrichten zu, die ihn endlich doch aus seiner moralischen Katalepsie herausrüttelten. Juliette, Vitin, Mademoiselle Freluquet und ihre Mutter hatten während seiner Abwesenheit solche Schändlichkeiten verübt, daß ihre Stellung in Paris nachgerade unhaltbar wurde. Auch die Ermordung des Kindes bei Gelegenheit jener Orgie, wo auch Thiere mitspielten (siehe Kapitel 14) wurde ausgespürt und die Zurückgelassenen hielten es für gerathener Paris zu verlassen.

Ich erinnere hier meine Leser daran, was Sâde über diese Orgie gesagt, daß sie zu Ehren und zur Aufheiterung des Großherzogs der Sonne (also des Königs) gegeben wurde, was offenbar eine Unwahrheit ist. Wie wäre es dann möglich gewesen, daß der Name des Königs dabei nicht compromittirt gewesen wäre? Es finden sich in dem Buche mehre ähnliche Widersprüche und Unmöglichkeiten. Oder will Sâde das Ganze überhaupt als Fiction gelten lassen; Dann müßte er an anderen Stellen nicht hervorheben, daß alle diese Ereignisse in Wirklichkeit so stattgefunden, wie er sie beschreibt.

Die Furcht vor einem Zusammentreffen mit seinen Verbrechensgenossen und einer gerichtlichen Untersuchung, der er nicht einmal im Kirchenstaate hätte ausweichen können, oder gar einer Auslieferung, veranlaßte ihn und Justine zur Veränderung ihres Aufenthaltes aus der Piazza Navona nach einem entlegenen Stadttheile irgendwo am

Palatinberge außerhalb Roms. Dieser Stadttheil wurde zu jener Zeit von der ärmsten Volksklasse, zumeist Arbeitern, Lastträgern und sogar Dieben bewohnt. Sâde hatte sich schon längst gesehnt mit dem Pöbel und unter demselben zu wohnen. Einen elenderen hätte er nirgends, nicht einmal in Neapel unter den Lazzaronis, finden können... Diese Leute bildeten so zu sagen einen kleinen Freistaat unter sich, sie waren zu arm, als daß es der päpstlichen Regierung jemals eingefallen wäre sie wegen Abgaben zu belästigen. Sâde und Justine lebten unter diesen Menschen.

Es war ein modernes Sodom. Diese Menschen lebten ganz wie die Wilden, vielleicht noch ärger. Das Gefühl der Schamhaftigkeit war ihnen eben so fremd wie jedem Thiere. Sie gaben sich ihren Lüsten bei hellem Tageslicht, auf öffentlicher Straße hin. Hier und da konnte man ein paar betrunkene Weiber in Fetzen, einige sogar so wenig bekleidet finden, wie die Menschen im Urzustande. Sie aßen mit den Hunden von dem, was sie auf dem Pflaster fanden. Und Sâde versichert, er habe nirgends glücklichere, zufriedenere Menschen gefunden, es gab unter ihnen keine Verbrecher, keine schlimmen Leidenschaften, sondern nur den vollkommensten Cynismus.

20. Die Verbrecherbande wiederum beisammen.

Der Marquis und seine Geliebte genossen jenes Glück, welches sie unter den Leuten des Palatinberges gefunden, nicht sehr lang. Sich dort heimisch zu machen war ihr Vorhaben gewesen. Mit jener Summe Geldes, die Sâde bei sich führte, 400 Louisdor, hätte er bis an sein Lebensende dort wohnen können, denn er lebte auch nicht anders als jene Leute, er theilte zwar mit den Elendsten unter ihnen seine Baarschaft, brauchte aber weder für Wohnung noch für Bedienung, ja am öftersten nicht einmal für Verköstigung zu sorgen. Es war wie während des goldenen Zeitalters, daß man Alles von der Natur erhält.

Ob es in Rom oder wo immer im civilisirten Europa zu jener Zeit einen solchen Winkel der Erde gegeben, wie es Sâde zu Ende des IX. Bandes (siehe IX. Band, von Seite 295 bis Seite 358) erzählt, wo man in dieser Weise hätte leben können, dies weiß ich nicht, davon wird weder in einem historischen noch in einem topographischen Werke jener Zeit gesprochen und ich glaube, daß diese Beschreibung eben so gut zu den Phantasiegebilden des Herrn Marquis gehört wie sehr viele andere Stellen in seinem Romane.

Im zweiten Monate seines Hierverweilens wurde er von Pater Vitin ausgespürt. Dieser benachrichtigte die drei Weiber: Juliette, Madame Freluquet und ihre Mutter, so wie auch zwei junge Männer, die sich der ehrenwerthen Gesellschaft angeschlossen hatten, von der Anwesenheit Concons und Justines, und diese beiden wurden bei einer ländlichen Orgie, einer Scene als Nachahmung des goldenen Zeitalters, überrascht, welche durch das Hinzutreten der Ankömmlinge einen Zuwachs erhielt.

Der Roman fängt im letzten (X.) Bande an interessanter zu werden, er erhält eine mehr romantische Haltung und, gleichwie die Schändlichkeiten, die Sâde in cynischster Weise aufdeckt und sich mit dem Begehen derselben brüstet, in den ersten neun Bänden den Hauptbestandtheil des Buches gebildet haben, so daß die romantische Fabel gleichwie als Nebensache erscheint und der Verfasser es zumeist darauf anlegt das Blut des Lesers, seinen schlimmen Genius, den Teufel des Fleisches in Aufregung zu bringen, indem er das Laster in den schönsten Farben malt, dabei aber die Tugend verspottet, herabsetzt, als etwas Sinnloses und Gefahrbringendes darstellt, so wird hier die romantische Fabel in den Vordergrund gedrängt und gewinnt immer mehr an Interesse. Der Verfasser muß sich entweder in der Beschreibung erotischer Scenen ausgeschrieben haben und Erschöpfung fühlen oder glaubt er vielmehr, daß die Leser müde geworden Beschreibungen zu lesen, die, wenn auch einige Abwechselung stattfindet, doch immer in gleicher Weise enden. Nur die Handlung, nur das Spannende im

Roman ist ja das, was die Leser interessiren kann, und derjenige Schriftsteller, der, während er schreibt und das Geschriebene überliest, nicht ganz in Reinem damit ist, ob der Leser an dem, was ihm erzählt wird, Gefallen findet, ob er das Buch weglegen kann, ob er dabei einschlummert oder gar ob er mehre Seiten überschlägt, ja, wie es auch schon vorgekommen ist, daß er es ganz und gar bei Seite wirft, hat seine Sache vor dem Lesepublikum so gut wie verloren. Das Geschriebene muß ihn selber interessiren, ihn anregen, die verborgenen Saiten seines Gemüthes in eine Oscillation versetzen, dann mag er auf einen Beifall seitens seiner Leser rechnen.

Es ist übrigens keine Kleinigkeit einen derartigen Roman, dessen Hauptmotiv eine Gattung von Laster ist, und zwar zehn Bände, jeden über 300 Seiten stark, zu schreiben. Wäre es nicht eben so schwierig, wenn es einem anderen Romantiker einfallen sollte ein anderes Laster, z. B. das Spiel, die Trunksucht, die Gourmandise zu verherrlichen, zehn Bände zu schreiben, und in denselben, den Wein-, den Bier-, den Branntwein-, den Haschisch- und den Opiumrausch mit allen die Trunkenheit begleitenden Symptomen zu beschreiben. Würde ein Schriftsteller nicht ein eben so ausgebreites Feld vor sich sehen, wenn er die Wirkungen der spirituösen Getränke, die mannigfaltigen Visionen, die Hallucinationen des Geistes, die Träume u. s. w., beschriebe? Könnte ein Romantiker, der das Spiel apotheosirt, nicht eben so ein Buch schreiben unter dem Titel, „die Genüsse des Spiels und die Traurigkeit des Philisterthums," oder „die Süßigkeiten des Weines und die Geschmacklosigkeit des Wassers?" Wären dies nicht eben so – vielleicht noch minder lasterhafte Bücher und minder widersinnige Titel als „die Gefahren der Tugend und die Wonne des Lasters?" Wer wird es leugnen können, daß Unzucht, geschlechtliche Ausschweifungen, für die Menschheit, für den Staat, für die Civilisation noch bei Weitem verderblicher sind als Trunkenheit und Spiel? gefährlicher in den tausendfältigen Folgen, die die Unzucht nach sich zieht. Gefährlicher für den Körper eben so wie für den Geist.

Bei allen Sophismen des Marquis de Sâde ist es doch leicht zu erkennen, daß er am öftersten in seinen Principien wankend geworden war und daß ihn nur die Eitelkeit dazu veranlaßt hat eine schlimme Sache so zu vertheidigen, wie er es thut, zuweilen ohne von der eigenen Ueberzeugung dessen, was er behauptet, durchdrungen zu sein. Er giebt sich sehr oft solche Blößen, er läßt den Leser ins Innere seines zerrütteten Gemüthes einen Blick werfen, in welchem man Gewissensbisse entdecken kann, er wälzt die Schuld und die Initiative der begangenen Schändlichkeiten stets auf die Nebenpersonen, nicht auf sich (Concon), sondern auf seinen Oheim (Vitin) und seine Schwester (Juliette).

In wie weit der Roman eine getreue Copie seines eigenen Lebens ist, läßt sich nicht beurtheilen. Er selber klärt dies nirgends auf, ja eben zu Anfang des letzten Bandes gesteht er ein, daß er zuweilen übertrieben und sogar erfunden hat. Gleich darauf, schon in der nächsten Periode, schämt er sich seiner Schwäche, indem er sich in die Detaillirung dessen einläßt, was der Leser für erfunden, was er für wirklich halten könne.

Ich glaube, es wird meine Leser nicht langweilen, wenn ich auch ferner fortfahre meine Reflexionen über den Seelenzustand des Verfassers dieses Buches noch weiter fortzuführen. Sie dienen eben nur dazu, den Gegenstand, den ich analysiren will, so kritisch wie möglich zu beleuchten. Ich habe es in meiner Einleitung zu diesem Buche gesagt, was mich veranlaßt hat es zu schreiben. Ich will diejenigen meiner Leser, die der Zufall dazu brächte, daß ihnen dieser schändliche Roman in die Hände fiele, auf alle schwachen Seiten, auf das darin enthaltene Gift aufmerksam machen, damit sie sich vor demselben verwahren. Doch darf ich der Geduld meiner Leser nicht gar zu viel aufbürden und fahre jetzt in der Erzählung selber fort.

Concon glaubt, es sei die Lady Hamilton gewesen, die seinen Aufenthalt ausgekundschaftet und dies an ihre

Freundin Juliette nach Paris berichtet hat. Er erzählt, er sei einmal aus seinem Verstecke am Palatinberge nach Rom selbst gegangen und es fiel ihm eine maskirte Dame auf, die ihn mit den Augen verfolgte, ja als er wiederum nach seiner verborgenen Wohnung zurückkehrte, kam es ihm vor, als erblickte er einen Schatten hinter sich. Er blieb stehen, redete die Person an, glaubte, es sei ein Bravo, der ihn berauben oder gar ermorden wollte und da er unbewaffnet war, hielt er es für räthlicher die Flucht zu ergreifen. Er wußte nicht, ob ihm die Person noch weiter nachgespürt habe. Er erkundigte sich bei seinen neuen Freunden darnach, ob sie nichts wahrgenommen, diese aber lebten so ausschließlich ihren Lüsten, daß sie sich um nichts kümmerten, was außerhalb ihres Stadtviertels geschah.

Das erste Zusammentreffen Concons und Justinens mit den neuangekommenen ehemaligen Freunden des Ersteren war eben kein freundliches: namentlich waren es die drei Weiber, die mit Erbitterung über Justine herfielen, indem sie sie beschuldigten, sie habe ihnen Concon abwendig gemacht, sie wolle aus ihm einen Pietisten, einen Anachoreten bilden. Es wäre zwischen den Frauen beinahe zu Handgreiflichkeiten gekommen und Juliette zückte einen Dolch, den sie Justinen in's Herz gestochen haben würde, wenn nicht Vitin sie davon abgehalten hätte, der ihr in den Arm fiel. Freluquet beschuldigte den Marquis des Verraths, sie sagte, er habe es ausgeplaudert, daß während einer der Orgien – wie dies weiter oben erwähnt worden ist, ein Kind ermordet wurde und daß man dessen Blut getrunken.

Nachdem man sich satt gezankt, einander mit Schimpfreden überhäuft hatte, brachte Vitin endlich eine Verständigung der ganzen Bande zu Stande. Concon sowohl wie Justine lehnen die Anschuldigung des Verraths von sich, der Erstere behauptet sogar, er habe seiner Schwester einen Brief geschrieben, in welchen er sie warnte, sie möge auf ihrer Hut sein und er habe es für klüger gehalten, wenn sie nicht alle insgesammt Paris verließen, denn dies würde der Polizei aufgefallen sein und diese hätte ihrer Flucht möglicherweise Hindernisse in den Weg stellen können. Auch jetzt riethe er ihnen Rom zu verlassen und sich nicht hier auf dem Palatingebirge aufzuhalten, da er es bestimmt wisse, daß die Spione der Inquisition schon in Thätigkeit gesetzt worden sind, um ihrer habhaft zu werden. Er selber hatte sich vorgenommen sein Versteck zu verlassen und sich auf den Weg zu machen.

Juliette scheint sich seinen Vernunftgründen fügen zu wollen, doch wünscht sie diese Nacht hier zu bleiben und dem Treiben der Bewohner dieses Stadttheils beizuwohnen und an denselben Theil zu nehmen. „Es wäre schade", sagt sie, „wenn wir Menschen, die so viel Talent zum Genießen des Lebens haben, nicht eine Anleitung gäben, wie sie die Genüsse erhöhen und steigern können."

Hierauf folgt eine neue Beschreibung einer Orgie, die den bis dahin erzählten nicht nachsteht. Sie ist ausgedehnter als alle übrigen und nur die Ermattung setzt derselben ein Ziel.

In dieser Erzählung vergleicht der Verfasser die Bewohner des Palatinberges mit den Einwohnern von Sodom. In ihrer Trunkenheit, denn es findet auch eine große Gasterei statt, der Falerner fließt in Strömen, werden einige Hütten dieser Bacchanten von ihnen selbst in Brand gesteckt, so daß das Bild noch mehr Aehnlichkeit mit der Verwüstung Sodoms erhält.

Ob dieser Brand wirklich stattgefunden und daß derselbe von Rom nicht wahrgenommen worden, wollten wir doch bezweifeln. Der Palatinberg liegt doch nicht so weit entfernt von der Stadt und es ist unglaublich, daß die Polizei, sie mochte noch so nachlässig gewesen sein, nicht dahin geeilt wäre, um zu sehen was dort geschehen.

21. *Ein Attentat auf Justinens Leben.*

Die Gesellschaft der Reisenden, jetzt aus 9 Personen bestehend, nämlich Concon, Justine, Juliette, Freluquet, ihre Mutter, Lady Hamilton, Pater Vitin und zwei junge Bursche, Mignons des Letzteren, hielten sich nach der Orgie und dem Brande auf dem Palatinberge nicht länger auf. Möglich, daß sie eine Rache der Einwohner fürchteten, die, wenn sie ernüchtert wurden und sahen, daß sie sich auf den Rath dieser Höllengeister ihrer Obdächer beraubt hatten, sie büßen ließen oder sie um ihr Geld beraubt hätten. Hätten sie dazu nicht ein Recht gehabt und zwar jenes Recht, auf welches sich die Gründung der meisten Staaten der Vorzeit stützte, das Recht des Stärkeren? Hätten sie sich dagegen schützen oder die Hülfe der Polizei gegen die Berauber anrufen dürfen, sie, die selber außerhalb des Gesetzes standen, vogelfrei, der Willkür des nächsten Besten preisgegeben? Sie fanden es also für besser den Palatinberg zu verlassen und thaten es, ehe die berauschten und durch Ausschweifungen jeder Art geschwächten und stumpfsinnigen Geschöpfe zu sich gekommen waren.

Die nachfolgende Beschreibung über die Reise über die pontinischen Sümpfe und einen Theil der Abruzzen, so wie diejenige eines fürchterlichen Ungewitters, von welchem sie überrascht wurden und das Zusammentreffen mit einer Räuberbande füllt einige Seiten des X. Bandes. Wie Schade, daß von Sâde keine anderen Werke vorhanden sind, als dieses eine oder warum ist es noch Niemandem eingefallen wenigstens das Schöne, wenn es noch so wenig ist, aus dem Buche zu nehmen und es der Welt aufzubewahren? Er ist wirklich groß in den Beschreibungen, dieser verruchte Wüstling.

Die kurze Episode des Abenteuers mit den Räubern ist nichts als ein Phantasiegebilde des Verfassers. In der Gesellschaft dieser Räuber befinden sich auch zwei Weiber, die eine, die Gattin oder Geliebte des Räuberhauptmanns, Namens Isolda Castellani, die andere, eine junge englische Touristin, die die Räuber gefangen genommen und auf Ranzion gesetzt haben. Wenn das Geld in zwei Tagen nicht eintrifft, werden sie sie ermorden.

Freluquet und Juliette wollen es verhindern, daß die Engländerin gerettet werde. Sie erfahren es von einem der Räuber, wo das Geld für die Engländerin niedergelegt werden soll und begeben sich auf den Weg, um den Boten des Geldes zu berauben und ihn dann zu ermorden. Concon erfährt dies alles später, sonst würde er diese beiden Furien in der Ausführung ihres teuflischen Vorhabens gehindert haben.

In der Gegend von Terracina erblicken sie einen Reiter und vermuthend, es sei der Bote mit dem Gelde, fallen sie ihn an, ermorden und berauben ihn. Sie hatten dabei verschiedene teuflische Zwecke im Auge gehabt; erstens, das Geld, an welchem sie Noth leiden, sich anzueignen, zweitens die Wonne des Mordes, denn – wie ich mehrere Male angedeutet habe, sind diese Personen insgesammt so teuflischer Natur, daß sie an Blutvergießen eine Freude haben, eine Art Aufregung empfinden, wie dies leider in manchen verderbten Naturen zu finden ist. Drittens endlich, die Aussicht auf ein zweites Schauspiel ähnlicher Art, die Ermordung der Engländerin, das Vergnügen, sich an ihrer Verzweiflung, an ihrem Röcheln, an den Zuckungen, dem Todeskampf und dem Erstarren der Glieder zu ergötzen.

Ich erinnere meine Leser an einen in den Sechziger Jahren erschienenen Roman *Villafranca,* in welchem ein Engländer auftritt, der an einer ähnlichen grausamen und krankhaften Leidenschaft leidet und einen Yankee-Trapper in Sold nimmt, der ihm als Bluthund dient, um Rothhäute aufzutreiben, die der Engländer erlegt, als wären es wilde Thiere. Daß es solche Ungeheuer giebt, ist unleugbar, doch ist es unbegreiflich, daß die menschliche Gesellschaft die Gesetze, die die Möglicheit der Ausführung einer solchen Grausamkeit dulden, daß es in einem der aufgeklärtesten Staaten der Welt, in den Vereinigten Staaten von Nord-Amerika, beinahe einem jeden Yankee gestattet ist einen Indianer zu tödten, als ob es ein Buffalo oder ein Jaguar wäre, während dieselben Yankee's für die Emancipation der Neger einen verheerenden Bürgerkrieg mehre Jahre hindurch führten. Ja, wahrlich, der Mensch ist ein sonderbares Geschöpf, ein Widerspruch mit sich selber. Dieser von mir erwähnte Roman war einer der gelesensten und diejenigen, die ihn gelesen, zumal Damen, äußerten sich eben über diese fürchterlichen Scenen, sowie auch über die in dem von demselben Autor verfaßten Roman *Nena Sahib* vorkommenden in sehr anpreisender Weise. Ist dies nicht der schlagendste Beweis dessen, daß die menschliche Natur sich zur Grausamkeit hinneigt und daß diese krankhafte Leidenschaft beinahe in einem jeden Menschen zu finden ist.

Daß es Mittel giebt, um alle diese schlimmen Leidenschaften schon im Keime zu ertödten, ist unleugbar und ich werde in meinem Schlußabschnitte darüber noch zeitig sprechen. Jetzt aber kehren wir, geliebte Leser, zur Erzählung selbst zurück.

Die Abwesenheit Juliettens und Freluquets blieb nicht unbemerkt und Justine ahnte sogleich die Ursache derselben. Sie theilte Concon ihre Ansichten und Befürchtungen mit. Er selbst hatte davon eine dunkle Ahnung.

Selbst den Räuberhauptmann beunruhigte die lange Abwesenheit der Weiber und das Ausbleiben des Boten mit der Ranzion. Er ist menschlicher als seine Gäste und es thut ihm leid die Engländerin tödten zu müssen, Justine beredet Concon, er möge von dem Gelde, welches er bei sich führt, im Falle der Bote zur Zeit nicht einträfe, die Ranzion auszahlen und Concon läßt sich nicht lang bitten. Mittlerweile treffen Freluquet und Juliette ein. Sie sagen, sie hätten sich in den Schluchten verirrt und nur mit Mühe den Rückweg nach der Höhle der Räuber wiedergefunden. Die Zeit verstreicht unterdessen. Der Räuberhauptmann läßt die Engländerin herbeischleppen und verkündigt ihr das Todesurtheil. Er zückt den Dolch um ihn ihr in die Brust zu stoßen. Juliette räth ihm, die Martern der Engländerin zu verlängern und Allen das Schauspiel einer qualvolleren Todesart zu gönnen. Der Räuberhauptmann ist ganz verwirrt darüber, daß Weiber ihm einen solchen Vorschlag machen. Er schiebt die Ermordung der Engländerin auf. Freluquet und Juliette freuen sich, daß es ihnen gelungen ist, den Banditen bewogen zu haben, ein ihnen erwünschtes Schauspiel zu gewähren.

Concon hat mittlerweile mit dem Räuber gesprochen und das Leben der Engländerin für 100 Louisdor erkauft. Diese wird in Freiheit gesetzt und ein Räuber beauftragt, sie zu ihren Freunden zurück zu geleiten.

Auf ihrer Rückreise findet die Engländerin den ermordeten Boten, es ist ihr Bräutigam, der ihr die Ranzion gebracht. Sie eilt zurück und entdeckt dem Räuberhauptmann die Beraubung und Ermordung ihres Bräutigams. Wer konnte es gethan haben? Der Verdacht trifft Juliette und Freluquet. Eine Durchsuchung ihrer Kleider führt zwar zu keinem Resultat, doch findet man das geraubte Geld in der Tasche eines der Mignons und der Mutter Freluquets. Da aber diese beiden Personen den Engländer nicht ermordet haben konnten, weil sie nicht abwesend waren, so ist es offenbar, daß sie nur Hehler der beiden verdächtigten beiden Weiber sind. Der Räuberhauptmann, den die doppelte Ranzion in gute Laune versetzt hat, ahndet die schlimme Absicht der beiden Frauen nicht an ihnen, doch ergeht es der Engländerin dabei schlimm, denn sie wird zur Beute der Räuber und ergiebt sich in ihr Schicksal.

Hier hat der Verfasser als Romantiker einen Bock geschossen. Es ist ganz widernatürlich, daß sich eine nur halbwegs ehrbare Frau nach dem gewaltsamen Tod ihres Geliebten so bald entschlösse jedes Schamgefühl von sich zu werfen. Sâde schreibt dies auf Rechnung der Verzweiflung und einem Anfalle von Wahnsinn zu, der dann, sobald sie aus dem Rausche ernüchtert ist, sich verliert und sie dann zum Selbstmord treibt, an dessen Begehen sie jedoch von den Räubern gehindert wird. Alles dies ist im höchsten Grade unnatürlich und ganz entgegen der bisher ergründeten psychologischen Erfahrungen und Theorien. Nur ein Franzose kann solche Absurditäten auf einander häufen.

Juliette und Freluquet sind wüthend darüber, daß sie das Geld hergeben mußten. Die Mutter der letzteren theilt ihnen ihren Verdacht mit. Sie erzählt ihnen, was sie bemerkt und daß die Urheberin ihrer Enttäuschung Niemand als Justine sein kann. Nun flammt in ihnen die Rache auf, Juliette entwirft einen Plan, wie sie sich Justinens bemächtigen könnten. Diese pflegt Abends in einem Bergstrome zu baden und hier wollen sie sich ihrer bemächtigen. Während die Mutter Freluquets und die beiden Mignons Concon beschäftigen, entfernen sich die beiden Verschwörerinnen und überraschen Justine im Wasser. Sie fallen über sie her, als sie aus dem Bade steigt. Justine weiß, welches Schicksal sie erwartet, sie stößt einen gellenden Schrei aus, sie ruft um Hilfe, sie versucht die entmenschten Furien zum Mitleid zu bewegen, diese aber verhöhnen sie, sie binden sie mit Stricken und schleppen sie auf einen Felsen, von wo sie sie in einen bodenlosen Abgrund werfen wollen. Juliette will sie aber noch länger leiden sehen und weidet sich an der Verzweiflung ihres Opfers. So peinigen sie sie eine Stunde lang, sie halten sie über den Abgrund, ziehen sie wiederum zurück. Die Todesangst, die Justine aussteht, verursacht ihnen eine aufregende Unterhaltung. Endlich wollen sie ein Ende mit ihr machen, sie wird von ihnen an den Rand des Abgrunds geschleppt, noch eine Secunde und es ist um sie geschehen. Da ertönt die Stimme Concons und des Räuberhauptmannes, man hört den Ruf: „es rette sich wer kann“, gleich darauf hört man auch Schüsse. Es ist ein Ueberfall päpstlicher Karabiniere. Juliette und Freluquet lassen ihre Beute los und flüchten ins' Dickicht, während Justine gebunden am Boden liegt.

Ein hitziges Gefecht hat sich unterdessen zwischen den Räubern und den Karabinieren entsponnen. Concon nimmt daran keinen Theil, sondern ergiebt sich und seine Begleiter folgen seinem Beispiele. Die meisten Räuber werden nach einer verzweifelten Gegenwehr niedergemetzelt, die Geliebte des Räuberhauptmanns und drei Räuber gefangen. Hierauf wird noch eine Art Treibjagd auf die vermißten drei Frauen gehalten. Man findet sie, Justine am Boden, die beiden anderen in ihrem Verstecke. So werden sie insgesammt nach Forli gebracht.

22. *Der Kerker und die Lossprechung der Gefangenen.*

Wenn man Sâde zum Richtplatz geführt hätte, so würde er noch immer an nichts anderes gedacht haben, als an Sinneslust. Ist es wahrscheinlich, daß einem Menschen, der jeden Augenblick befürchten muß auf die Folter gespannt und vielleicht sogar hingerichtet zu werden, es einfallen könnte sich zu unterhalten? Und der Verfasser der Juliette will seinen Lesern glauben machen, er und seine Verbrechensgenossen hätten im Kerker es auch nicht anders gemacht als im Zustande der Freiheit. Ist es ferner wahrscheinlich, daß man vor einer Criminaluntersuchung die Mitschuldigen in ein und dasselbe Gefängniß sperrt, damit sie ja Zeit und Gelegenheit haben, sich über ihre abzulegenden Geständnisse zu berathen? Derartige massenhafte Einkerkerungen hatten zu verschiedenen Zeiten zwar stattgefunden, doch nur in Fällen, wenn die Richter, noch ehe ein Urtheil gefällt wurde, schon darüber mit sich im Reinen waren, was mit dem Angeklagten geschehen würde, z. B. während der großen französischen Revolution. Wenn ein Gefangener vor das Revolutionstribunal gestellt wurde und nach der Conciergerie kam, konnte er in Vorhinein versichert sein, daß es von hier keinen anderen Weg mehr für ihn gäbe, als den nach der Guillotine. In früheren Zeiten war man in dieser Beziehung noch ängstlicher und skrupulöser.

Die Gefangenen wurden in unterirdische Kerker geworfen, wo es ihnen unmöglich war sich mit einem ihrer Unglücksgefährten sich durch Zeichen und Pochen an die Wand in Verbindung zu setzen. So war es zumal in katholischen Ländern, wo ein Inquisitionstribunal bestand. Neapel und das Königreich von Sicilien und Apulien machte von dieser Regel gewiß keine Ausnahme. Es ist also Alles, was Sâde von dem Verkehr, der zwischen den männlichen und weiblichen Gefangenen zu Forli bestand, eben so Fiction, wie das Meiste, was in dem Romane als geschehen angegeben wird.

Zur Vergrößerung der Unwahrscheinlichkeit dient auch die Beschreibung des Kerkers: ein aus massiven Quadersteinen gebautes Gewölbe mit einer mit Eisen beschlagenen Thür, einer Lampe, die von der Decke an einer Kette herabhängt, eine Art Ottomane oder gepolsterte Pritsche, die als Schlafstätte für sieben Personen, drei Frauen und vier Männer, dienen soll, Concon, die beiden Mignons, Vitin, Justine, Juliette und Freluquet – die Mutter der Letzteren ward von einer verirrten Kugel der Karabiniere verwundet und nach dem Sanct Lazarus-Hospital gebracht, ferner ein Tisch, auf dem sich Marterwerkzeuge, Zangen, Schrauben, Nadeln und Bohrer befanden, endlich aber am Boden ein ungeheures Henkersschwert, vom rothen Mantel des Scharfrichters bedeckt.

Eine solche Beschreibung sticht von allen anderen, die wir jemals in Romanen oder anderen Büchern gelesen haben, in welchen Schilderungen der Kerker gegeben werden, so sehr ab, daß es unmöglich ist sie als etwas Anderes, denn als Ausgeburt einer üppig ins Kraut schießenden Phantasie zu halten. Weder Concon noch Vitin und die drei Weiber fühlten Niedergeschlagenheit oder Furcht vor dem Schicksale, welches ihrer wartete. Die gegen sie zu erhebenden Anklagen, die ihnen von ihrem eigenen Bewußtsein als wahrscheinlich eingegeben werden, waren schwer genug, als daß sie etwas Anderes als Foltern und Tod erwarten durften. Nur die beiden Mignons ließen ihre Köpfe hängen, sie theilten die Ansicht Concons und Juliettens nicht, sie glaubten nicht, die Marter könne gleichzeitig auch Wonne sein, wie Concon es allen predigte.

Die Gefangenen unterhielten sich darüber, welche Todesart ihnen bestimmt werden würde und welche sie selber am liebsten erdulden wollten. Justine erklärte sich fürs Köpfen, Freluquet für das Lebendigverbrennen, Juliette für das Viertheilen oder Auseinanderreißen mittelst Pferden, Vitin für das Schinden und Concon für das Spießen, weil – wie er sagt, die Wonne des Schmerzes bei dieser letzteren Todesart am längsten währt.

Ist es möglich, daß es Menschen geben könne, die eine Wollust in so ungeheuren Schmerzen fühlten oder jemals gefühlt haben konnten. Sâde behauptet, es sei so. Er führt historische Beispiele an, namentlich die Leiden der Märtyrer, die bei den Martern, denen sie unterworfen wurden, ihre Quäler verspotteten. Er behauptet, dies sei nicht aus religiösem Fanatismus, nicht aus Heldenmuth und Prahlerei geschehen, sondern weil der Schmerz, ein solch rasendes Nervenprickeln, zuletzt zur Wonne wird, ja er geht noch weiter, denn er sagt, die Ohnmacht, die einer derartigen Folterung folge, spreche dafür, daß der Schmerz Wonne sei und der Tod selbst, die letzte Ohnmacht, ein Uebermaaß von körperlicher Wonne. Selbst die geistige Aufregung, die man fühlt, wenn man gemartert wird, trage zur Steigerung des wonnigen Gefühls bei.

Ich habe mit sehr gelehrten Physiologen über diese Theorie gesprochen und dabei verschiedene Ansichten gehört. Unter den Vielen, die die Sâde'sche Theorie des wonnigen Schmerzes mit mir besprochen, habe ich nur einen einzigen Menschen, einen berühmten Arzt in England, gefunden, der dieser Theorie beigepflichtet. Ich erinnere hierbei meine Leser an einen solchen Sonderling, in Smollets Roman *Hamphry Klinber*, der in Bezug auf den Geruch sich in einer eben so absurden Weise äußert, wie Sâde in Bezug auf den Tastsinn.

Jener englische Arzt, von dem ich soeben gesprochen, hatte mehre Jahre in Central- und Süd-Amerika zugebracht und war auch so glücklich unter den Rothhäuten gelebt zu haben, er studirte auch ihre Sitten. Er erzählte mir von der Tättowirung, ferner von der Kriegerprobe der Indianer, gegen die die Folterungen der Inquisition, der Vehmgerichte im Mittelalter kaum als Kinderspiele angesehen werden können. Er versicherte mir, der Indianer liebte es gemartert zu werden. Sie thun es zuweilen unter sich, um zu sehen, wer mehr aushalten kann. Nicht anders die Hindu Fakirs, die sich auf die Wippe hängen lassen, indem ihre Haut an den Schulterblättern aufgeschlitzt und durchstochen wird, so daß sie nur an derselben hängen.

Ich vermöchte noch andere Beispiele der Wollust und der Selbstpeinigung anzuführen, wenn ich nicht befürchten müßte, meine Leser hielten mich auch für einen Apostel dieser wahnsinnigen physiologischen Theorie. Gewiß ist's, daß sowohl Mönche wie Nonnen sich geiseln, daß es noch kaum vor einem Jahrhunderte tolle Menschen gegeben, die sich selbst geiselnd durch Städte und Dörfer zogen, die unter der Benennung der Flagellanten bekannt waren.

Nicht in der Constatirung derartiger Abnormitäten im Organismus des Menschen, noch in jener geschehener Thatsachen besteht die Infamie des Sâde'schen Romans, sondern daß er Alles auf eine und dieselbe Quelle hinleitet und seinen Lesern einreden will, sie mögen sich physisch und moralisch zu Grunde richten.

Die Gefangenen brachten 10 Tage im Kerker zu, ohne verhört zu werden, ja ohne zu wissen, wessen sie eigentlich angeklagt waren. Am Abend des zehnten Tages kam ein Jesuit in den Kerker, er erkundigte sich nach den vier Hauptpersonen des Romans, nach Concon, Justine, Juliette und Vitin, die er bereits dem Rufe nach kannte. Er war einmal nach ihrer Abreise von Palermo ins Kloster gekommen, wo sich Concon, Juliette und Vitin aufgehalten hatten. Die ehrwürdigen Patres hatten ihn und seine Begleiterinnen dem Pater Scimiatto – eben jenen Jesuiten, der sie jetzt besuchte, aufs Dringendste empfohlen und dieser bietet sich ihnen an, sie möchten über ihn verfügen, er wollte sich für sie bei den Gerichten verwenden, er zweifele nicht im Geringsten, daß es ihm gelingen wird sie bald wieder in Freiheit zu setzen. Concon und Juliette erkundigen sich nach den Räubern, in deren Gesellschaft sie gefangen genommen worden, von denen, wie bereits erwähnt, drei am Leben geblieben, so wie auch die englische Touristin. Die letztere hatte sich, um hingerichtet zu werden, der schrecklichsten Verbrechen selbst angeklagt. Alle vier Personen sollen am nächsten Morgen hingerichtet werden, die drei Banditen gerädert, die Engländerin lebendig verbrannt. Concon bittet den Jesuiten, er möge es bewerkstelligen, daß entweder die Hinrichtung der Verurtheilten aufgehoben oder daß er – Concon – sammt seinen Gefährten und Gefährtinnen noch im Laufe des Tages ihre Freiheit erhielten, damit sie das Schauspiel der Hinrichtung ihrer Bekannten ja nicht verlören. Sâde spricht hier noch darüber, daß die Hinrichtung von Bekannten, Freunden und solchen Menschen, die man seit längerer Zeit kennt, eben weil sie viel aufregender ist, nothwendigerweise auch angenehmer sei. Ein neuer Beleg seiner närrischen Theorien.

In spannendster Erwartung verfließen den Gefangenen mehre Stunden, endlich hören sie Tritte nahen. Der französische Gesandte, ein neapolitanischer Richter und Scimiatto werden vom Gefängnißwärter geführt in den Kerker eingelassen um den Gefangenen ihre Freisprechung zu melden. Der Richter entschuldigt sich, er habe es nicht gewußt, wen er habe einsperren lassen. Hierauf begeben sich alle in den Palast des Gesandten und dieser feiert die Befreiung seiner Landsleute in einer Weise, wie sie ihm von Concon und Julietten angerathen wird. Eine Orgie, die aber nicht der Länge und Breite nach beschrieben ist, schließt den Tag. Die von Ausschweifungen jeder Art berauschten und erschöpften Wüstlinge werden nach ihren Schlafstätten geführt und erwachen erst beim Klange des Armensünderglöckleins. Sie brauchen das Gesandtschaftshôtel gar nicht zu verlassen, denn das Schaffot steht gerade auf dem Platze der Reali Granili, nach welchem die Fenster des Hôtels eine Aussicht gewähren. Am ehesten werden die drei Räuber auf die Richtstätte geschleppt und wie dies zu jener Zeit Sitte war, beinahe bis auf die Haut entkleidet. Sâde beschreibt hierauf die Hinrichtung der Verurtheilten durch das Rad; eine gräßliche Operation, sie wird es nochmehr durch das Stöhnen und Röcheln der Elenden, die unter unsäglichen Qualen verenden.

Für die Engländerin ist in der Mitte des Schaffots ein Scheiterhaufen errichtet, an welchen sie gekettet ist und die

Räuber betrachten kann. Sie behält ihren stoischen Muth bis an ihr Lebensende. Der Scheiterhaufen wird erst dann angezündet, nachdem die Räuber auf das Rad geflochten worden und Concon mit seinen Freunden weidet sich an diesem schauderhaften Schauspiel.

23. Rückkehr nach Frankreich. Der Panther mit einem Menschenherz.

Ob der süditalienische Adel des letztverflossenen Jahrhunderts solcher Lehrmeister wie Concon, Freluquet und Juliette bedurfte, ob die französische Entsittlichung auch nach Neapel gedrungen oder ob man hier nicht noch viel Schlimmeres lernen und sehen konnte, dies mögen die Verfasser der Sittengeschichte jenes Jahrhunderts entscheiden, wenn man aber der Erfahrung trauen darf, so läßt sich von der Menschheit sagen, was Jean de la Fontaine seiner Elster in den Mund legt, als sie ausruft: „partout comme chez nous" (überall wie bei uns). Durchwandern wir diese große Erdkugel vom Nordpol bis an den Aequator, von da bis nach der Terra del Frego, durchstreifen wir die Steppen Asiens, die Sandwüsten Afrikas, die Prairien und Urwälder Amerikas, in den Zelten der Kirgisen, in dem Wigwams der Rothhäute, in den Palmenhütten der Neger werden wir überall den Hang der Menschen zum Bösen finden. Es ist nicht genug, daß der von Natur aus durchaus unbewaffnete nackte Mensch gegen beklauete, scharfzahnige Thiere kämpfen muß, er lebt in einem ewigen Krieg mit den Geschöpfen seiner eigenen Race und mit sich selbst, ohne jemals zu siegen und doch erneuert er den Kampf, wie der mit seinen Füßen den Boden berührende Antaeus.

Jeden Menschen, der Sâdes Justine und Juliette zur Hand nimmt, muß Entsetzen füllen, er muß schaudern vor den Ruchlosigkeiten, die in dem Buche angehäuft sind und als erlaubt, ja sogar als nothwendig für den Menschen dargestellt werden. Die Wenigsten werden es glauben, daß es möglich sei, daß so etwas geschehen könne, wie dort erzählt wird. Das Schreckliche aber liegt nicht in den einzelnen Momenten der Handlung des Romans, sondern theils in der Anhäufung aller Schändlichkeiten zu einer compacten Masse, theils in der Beleuchtung derselben mit vorigem Schimmer aus des Verfassers Feder.

Wer die Geschichte genau kennt, die Journale fleißig liest und in denselben namentlich die polizeilichen und strafgerichtlichen Berichte im Gedächtniß behält, wer außerdem auf dem Laufenden des Stadtgeklätsches ist, so daß er auch Geheimnisse erfährt, die man weder in Bücher noch in Journale rücken und die, wenn sie ja vor Gericht gebracht werden, ihrer Monstruosität zu Folge bei geschlossenen Thüren verhandelt werden müssen, so daß davon manchmal gar nichts ins Publikum sickert, der wird seufzend eingestehen müssen, Ben Akiba habe ganz recht gehabt, als er zu allem, was man ihm sagte, ausrief, „schon da gewesen".

Ich halte mich für keinen Menschenfeind, glaube sogar, daß es keinen so ruchlosen Menschen giebt, der nicht, um mich des Ausdrucks zu bedienen, den Ludwig Börne ausschließlich auf Weiber anwendet, „einen Winkel des Paradieses in seinem Herzen trüge," doch wollte ich nicht für einen solchen Optimisten gehalten werden, der den Menschen für ein vollkommenes Wesen, für ein Ebenbild Gottes, wie er eitel und anmaßend genug ist sich zu nennen, zu halten und für diese Aehnlichkeit eine Lanze einzulegen.

Doch kehren wir zu unsern Helden und Heldinnen zurück.

Wenn man den Worten des Verfassers von Justine und Juliette trauen darf, so war ihre Amnestirung und Zurückberufung nach Paris die Folge der königlichen Langeweile, die Ludwig XV. verspürt haben soll ohne seinem Maître des plaisirs. Die Ermordung des Kindes während der Orgie hatte wohl einiges Aufsehen verursacht, doch wurde später die ganze Sache vertuscht, die Ankläger bewogen die Klage zurück zu nehmen und man sagte erst, es sei aus Ohngefähr geschehen, bis man endlich ganz darüber schwieg.

In Paris kann sich eine Aufregung niemals einer langen Dauer erfreuen, eine Nachricht verdrängt die andere. Bei diesem leichtsinnigen Volke war es seit undenklichen Zeiten immer so und der Charakter der Einzelnen theilt sich auch dem Volke mit.

Dennoch verhielten sich die Angekommenen anfangs ziemlich ruhig und gaben zu keinen neuen Klagen Anlaß, ja sie wohnten nicht einmal in Paris, sondern in der Nähe der Hauptstadt in St. Germain en Laye. Pater Vitin besuchte außerdem sammt seinem Neffen und ehemaligen Zögling das Kloster der Jesuiten zu Noisy le Sec und hier fanden einige Orgien statt, die vom Ersteren der beiden Besucher veranstaltet wurden und zu welchen auch die vier Damen, Justine, Juliette, Freluquet und ihre Mutter eingeladen waren.

Später wagte sich Concon auch nach Paris, um dort den Boden zu recognosciren. Hier hatte sich seit seiner Abwesenheit Vieles verändert. Die Marquise von Pompadour, eine Person, die, obschon durchaus keine Heilige, hielt doch etwas auf den Schein, nicht so wie Madame de St. Prie, der man eigentlich die Entsittlichung des Hofes und Frankreichs zu danken hatte, war gestorben und Madame Du Barry war ihr gefolgt. Diese Letztere, ein Weib niederer Herkunft, die das Schicksal einem moralisch und physisch ganz erschöpften Manne in die Arme geworfen hatte, fühlte eine Art von Bewunderung für Alle, die sie die Kunst lehrten, die erschlafften Lebensgeister des Königs wiederum aufzufrischen. Der Ruf des Marquis de Sâde, die Einzelnheiten der von ihm arrangirten Orgien, waren ihr bekannt und sie brannte vor Begierde diesen Menschen und seine ganze Suite kennen zu lernen. Der Großherzog der Sonne (Ludwig XV.) hatte der Dame Tausendlieb (Milles amours), wie sie im Romane de Sâde's genannt wird, Einiges von diesem erzählt. Ludwig XV. war, wie die meisten entnervten Menschen es sind, schon dahin gekommen, keine Eifersucht zu empfinden, im Gegentheil, das Bewußtsein, daß er sich mit Anderen an den Vergnügungen, die ihm geboten wurden, theilte, erhöhten bei ihm den Reiz, den er sonst nicht empfunden haben würde. Er war, wie viele Menschen, denen die schmackhaftesten Speisen nicht munden, wenn er nicht auch Andere essen und trinken sieht.

Der damalige Polizeiminister, Herr von Sartines, kundschaftete den Aufenthaltsort de Sâde's, Juliettens und Freluquets aus und brachte sie insgesammt nach Luciennes, das Schloß der Madame Du Barry. Sâde berührt nur oberflächlich diesen Besuch, den er der damals schon mächtigen Maitresse abstattete. Sie affectirte eine Art Entsetzen über einige Details der Abenteuer, die ihr von Concon erzählt wurden, namentlich über jenes in der Nähe von Catania in dem Thierzwinger Coglio's. Nichtsdestoweniger ließ sie sich von Concon bereden, Folterungen beizuwohnen, damit sie sich an diese Entsetzlichkeiten gewöhnte. Sie ging dahin, wo man solche sehen konnte, und bald konnte man sie auch an einem Fenster, welches nach dem Grèveplatze führte, Hinrichtungen beiwohnen sehen, ohne daß sie dabei in Ohnmacht gefallen wäre.

Auf die Gunst der Maitresse des Königs pochend, kehrte Sâde neuerdings nach Paris zurück, stattete Besuche ab, empfing auch solche und da während seiner verlängerten Abwesenheit von Paris – denn er hatte nicht nur Italien, sondern auch Deutschland, Spanien, die Niederlande und England besucht, ohne Einkünfte von seinen Gütern zu beziehen, sich dieselben angehäuft hatten, so konnte er wiederum so flott leben wie ehemals. Er hatte übrigens den Rath Vitins befolgt und meistens Anderen die Kosten der Orgien, die er für sie arrangirt, aufgebürdet.

Fünf Jahre verflossen nun, ohne daß sich etwas Besonderes ereignet hatte, nur Justine gab dem bisherigen Leben dadurch eine Abwechslung, daß sie ihren Geliebten mit einem Zwillingspaar, einem Knaben und einem Mädchen, beschenkte.

Es giebt nur wenig solche Menschen, die dadurch, daß sie sich in Kindern neuerdings aufleben sehen, nicht sanftere Herzensregungen fühlten, die sie sonst nicht empfanden. Es ist beinahe unbegreiflich, wie es Ungeheuer geben könne, die dabei kalt und gleichgiltig blieben, zumal in den ersten Jahren, in welchen die stumme Unschuld eben durch ihre Stummheit am lautesten zu ihrem Herzen spricht. Die Liebe zu den Kindern nimmt sogar bis zu einem gewissen Alter derselben noch zu, bis die Entpuppung des psychischen und physischen Zustandes dauert. Später allerdings kommt es zuweilen vor, daß die zarteren Empfindungen einiger Eltern erkalten, man hat es erlebt, daß Väter und Mütter die Haupturheber und Urheberinnen der Unglücksfälle waren, die die Kinder getroffen, Gott Lob sind aber solche Beispiele eben so selten wie Kindermorde, die zumeist nur die Folgen der durch die socialen Verhältnisse heraufbeschwornen Verzweiflung sind.

Concon konnte seine beiden Kinder niemals geliebt haben, wie er überhaupt das wahrhaft Edle dieses Gefühls niemals gekannt hatte. Einen sehr schlagenden Beweis dessen liefert auch der Umstand, daß er gegen Justine von dem Augenblicke an, in welchem er von ihrer Schwangerschaft unterrichtet ward, zu erkalten begann, ja, daß er sie sogar in gewisser Beziehung mißhandelte, obschon er diese Mißhandlungen als ein Uebermaß seiner Zärtlichkeit zu bezeichnen sich bestrebt, indem er sie an den Orgien, die er weiterhin veranstaltete, thätig theilnehmen ließ (siehe Band X, Seite 201 und 224). Die Beschreibung der auf den soeben bezeichneten Stellen angegebenen Scenen, obschon sie eine frühere Begebenheit schildern, wird vom Verfasser erst nachträglich erzählt, so daß diese sich viel früher ereignet hatten als das, was auf Seite 190, auf welcher eigentlich die Rolle Justinens zu Ende geführt wird, erzählt wird.

Ueber diese Art von Anachronismus enthalte ich mich meine Bemerkungen zu machen. Solche Freiheiten erlauben sich auch andere Romantiker. Es ist ja keine Geschichte, daß der Verfasser sich streng an chronologische Ordnung und Reihenfolge der Handlungen halten müßte.

Während der Zeit, in welcher Justine sich aller Excesse enthalten mußte, waren Freluquet und Juliette, die, obschon sie stets Liebe gegen Justine geheuchelt hatten, seitdem sie Italien verlassen, eine Liebe, die aber nach solchen Vorgängen, wie jene, als sie Justine in einen Abgrund hatten stoßen wollten, niemals aufrichtig sein konnte, ihren Tod beschlossen hatten, nur darauf bedacht Concon gegen sie einzunehmen. Sie thaten alles Mögliche, um ihm zu beweisen, daß Justine durchaus nicht in ihre Gesellschaft paßte, daß sie eine eisige Seele besaß, in welcher die brennende Fackel von Concons Leidenschaften und Begierden zischend erlöschen müßte. Dennoch gelang es ihnen nicht ihn ihr ganz abwendig zu machen. Die gefährlichste Waffe gegen ein liebendes Geschöpf ist der Spiegel der Lächerlichkeit, dem man denselben entgegen hält. Sie spotteten seiner, als sie ihn die beiden Zwillinge herzen und küssen sahen, sie suchten ihn zu bereden, die Kinder und Justine einem letzten Hochgenusse zu opfern.

Meine Leser werden es wahrscheinlich errathen haben, was diese Verbrecherbande unter einem Hochgenuß in höchster Potenz verstanden haben mochte. Ihnen war Blut und Mord, Verzweiflung und Qualen ihrer Mitgeschöpfe das, was anderen Menschen Nahrung und Schlaf ist.

Vier volle Jahre arbeiteten Freluquet und Juliette unablässig daran Concon zu bestimmen, die drei Wesen zu opfern, die seinem Herzen am nächsten hätten stehen sollen, wenn er ein solches besessen hätte. Sie erinnerten ihn zu wiederholten Malen an das gräßliche Schauspiel in Catania im Hause des Thierbändigers Coglio.

Ein solcher Thierbändiger befand sich im vierten Jahre nach der Geburt der beiden Zwillinge zu Paris. Unter den vielen Thieren, die dieser Mensch um Geld zeigte, befand sich namentlich ein Panther von seltener Größe und Schönheit aus der Insel Java. Es war das wildeste Thier in der ganzen Menagerie. Er war schon als vollständig ausgewachsen gefangen worden und der Menageriemeister wagte es niemals sich in den Käfig dieses Panthers zu begeben, denn derselbe hatte schon vier Wärter zerrissen und sie größtentheils aufgezehrt. Diesen Panther kaufte Concon auf Anstiften Juliettens und Freluquets, um demselben seine beiden Kinder und Justine vorzuwerfen, ohne daß die letzteren es ahneten, was er mit ihnen und dem Thiere vorhatte.

Wiederum befanden sich Concon und Juliette, außerdem aber auch Freluquet, die der Scene in Catania nicht beigewohnt, auf einem Balkon, um dem gräßlichen Schauspiele, wie es die Römer so sehr liebten und an welchem auch die Spanier einigermaßen ein Vergnügen finden – denn ihre Stiergefechte sind wohl auch nichts als Thier- und Menschenschlächtereien, – als Justine, die nicht im Entferntesten ahnte, was ihr bevorstand unter einem erfundenen Vorwand in das Gemach gelockt wurde, in welchem sich der Panther befand. Derselbe hatte seit 24 Stunden keine Nahrung erhalten, es war also im Voraus zu berechnen daß er über die Eintretenden herfallen und sie zerreißen würde. Zu der Zuschauer nicht geringem Erstaunen aber blieb die wilde Bestie ruhig. War es die magnetische Kraft der schönen Weiber- und Kinderaugen, oder wirkten die schönen Gestalten besänftigend auf das Pantherherz, oder gebrach es dem Thiere an Muth oder war es nur Laune und Zufall? er that aber den Eintretenden nichts zu Leid. Concon ward darüber wüthend und zwar nicht nur deshalb, weil ihm das Schauspiel entschlüpft war, sondern weil er in den Augen Justinens entlarvt dastand. Er ergriff sein Gewehr und feuerte auf den Panther, welcher zu Tod getroffen sofort zusammensank. Justine erhob ein Geschrei und drohte mit Entdeckung der Schändlichkeiten, die Concon und die beiden Verbrecherinnen begangen. Die Letzteren gingen zu Justinen und ihren Kindern hinab, rissen allen Dreien die Kleider vom Leibe, während Concon, welcher für seine Orgien, bei denen auch mythologische Scenen vorgeführt wurden, mehre Tiger- und Pantherfelle – für den Festzug des Bachus angefertigt – besaß, sich in ein Pantherfell hüllte und in's Gemach stürzte, am ehesten einen der Zwillinge, den Knaben, anfiel und ihn gleich einem wilden Thiere mit seinen Zähnen zerfleischte, so daß er dem Kinde mit einem Biß in die Kehle den Tod gab, dann warf er sich auf Justine in ähnlicher Weise, auch sie erhielt mehre Bisse, doch gelang es ihr sich von ihm loszumachen, jedoch konnte sie ihr anderes Kind nicht mehr retten, denn auch dieses wurde in ähnlicher Weise von Concon getödtet.

24. Der Gipfel des Verbrechens.

Justine starb nicht an den Bißwunden, die ihr der verbrecherische und wahnsinnige Geliebte beigebracht, sie siechte noch mehre Jahre dahin, um ihr Leben auf eine noch schrecklichere Weise zu enden, indem sie erstens die unerträglichsten Schmerzen zu erdulden hatte, außerdem aber war auch der moralische Schlag, den ihr der Hauptverbrecher – ich vermag es nicht diesem Scheusal einen anderen Namen zu geben, der Alles ausdrücken könnte, was in ihm concentrirt sich befand – versetzt hatte, indem er ihre und seine Kinder ermordete, zu heftig, als daß sie ihn hätte ertragen können, sie verlor den Gebrauch ihres Verstandes und gleichzeitig den ihrer Stimme, denn sie sprach von dem Augenblicke an kein Wort mehr. Ob dies eine wirkliche oder freiwillige Stummheit gewesen, dies wird in dem Buche de Sâdes nicht gesagt.

Ich bin sehr geneigt anzunehmen und hoffe auch, daß meine geliebten Leser mir dabei gerne beistimmen werden, das ganze Buch und alle darin vorkommenden Schändlichkeiten für eine Ausgeburt einer auf den höchsten Punkt hinaufgeschraubten krankhaften Phantasie zu halten. Gleichwie die Erzählungen Swifts in Gullivers Reisen, die wundersamen Abenteuer des Freiherrn von Münchhausen und in letzterer Zeit die geistreichen Lügen Verne's nichts anders als geniale Fictionen sind, bei deren Niederschreiben die Verfasser nicht im Entferntesten daran gedacht haben konnten ihren Lesern einzureden, daß die von ihnen erzählten Begebenheiten wahr seien, so müssen wir auch bei diesem Romane voraussetzen, daß die Auftritte, die Sâde erzählt, unmöglich stattgefunden haben konnten, obwohl wir ihn von der Schuld, er habe sie seinen Lesern mit dem Vorsatze vorgetragen, daß sie daran glauben sollen, nicht freisprechen können. Seine Sophismen, durch welche er zu beweisen sucht, daß die Tugend etwas Thörichtes, das Laster hingegen ein Genuß sei, was auch andere und zwar sehr geniale Schriftsteller und Dichter zu beweisen gesucht haben – (wir erinnern nur an die Endzeilen eines Schillerschen Gedichts *der Kampf*: „und der Preis der meine Tugend krönen sollte, ist meiner Tugend letzter Augenblick", ferner Byron in seinem Gedichte Don Juan, in welchem er ausruft: „oh wie Schade, daß der Genuß eine Sünde und die Sünde ein Genuß ist" – „it's a pity though, that pleasure is a sin, and sin is a pleasure", ist schon genug, um ihn zu verdammen, wenigstens in foro conscientiae.

Mit der Ermordung der beiden Kinder war die Rache der Furien Juliette und Freluquet noch nicht gesättigt, nicht einmal der schreckliche Zustand Justinens konnte ihr verknöchertes Herz zu Mitleid bewegen.

Um das große Argument, die wahnsinnige Theorie der Gefahren der Tugend und der Wonne des Lasters ganz durchzuführen, mußte Sâde Justine – ob sie nun eine fingirte Person oder jene Madame Sevrin war, in die er sich einst verliebt, in einer Weise sterben lassen, die eine Bekräftigung seiner Theorie sein soll.

Der höllische Plan, den Juliette und Freluquet ersonnen und dem auch die Mutter der Letzteren beigetreten, läßt sich um so leichter ausführen, da Justine ihre Sprache und ihren Verstand verloren. Die Aeußerungen ihres Wahnsinns konnten selbst den geschicktesten Arzt täuschen, eben der Stummheit zufolge. Woran läßt sich der Wahnsinn am ehesten erkennen, als an den verworrenen mündlichen Aeußerungen, zumal wenn der Wahnsinn nicht von Wuthanfällen begleitet wird, wie bei Justine, die in ihrem Wahnsinne ganz harmlos blieb.

Juliette und Freluquet senden demnach an das Kriminalgericht in Paris eine Anzeige, in welcher Justine als Kindermörderin angeklagt wird. Diese Anklage berührt auch den vor mehren Jahren bei der schon so oft erwähnten Orgie begangenen ersten Kindermord, welcher ebenfalls Justine zugeschrieben wird, obschon ihn Juliette und Freluquet begangen hatten, da Justine zu jener Zeit nicht zur Verbrechergesellschaft gehört, und obschon sie auch nicht rein geblieben war von moralischer Ansteckung, so kann man sie immer noch als eine Person betrachten, die am wenigsten schuldig ist unter Allen.

Auf die gethane Anzeige hin wird eine Kriminaluntersuchung eingeleitet und Justine gefangen genommen. Der Untersuchungsrichter vermag nicht viel aus ihr herauszubringen. Ihr Wahnsinn hat sich mit ihren Anklägerinnen gegen sie verschworen, um sie zu verderben. Auf alle gegen sie gerichtete Anklagen, auf alle ihr vorgelegten Fragen, ob sie sie nun verstanden und aufgefaßt haben mochte oder nicht, antwortet sie mit einem bejahenden Kopfnikken, das man für ein Geständniß der Schuld hält.

Unterdessen hat sich in Paris eine Dame gefunden, die Gattin eines der Richter, die sich für Justine interessirt. Ihr Gatte hatte ihr Einiges über die Unglückliche mitgetheilt und Madame Biomesnil, dies ist der Name dieser Frau, besticht den Kerkermeister, damit dieser sie zu Justine führe. Sie begiebt sich zur Gefangenen und es gelingt ihr sich mit dieser zu verständigen, indem sie ihre Zeichen auffaßt. Justine zeigt ihr die fürchterlichen Narben und Bißwunden, deren einige in eiternde Geschwüre übergegangen, sie weint und Madame Biomesnil erräth, daß sie das Opfer einer schändlichen Verschwörung ist.

Es bilden sich jetzt zwei Parteien, die gegen einander arbeiten. Es gelingt Madame Biomesnil vom König einen Aufschub der Hinrichtung Justinens und eine Revission des Prozesses zu erwirken, doch eben hierdurch stürzt sie sich selber ins Verderben.

Der Kerkermeister, der sich durch die Gattin des Kriminalrichters hatte bestechen lassen, ist einer zweiten Bestechung seitens Juliettens und Concons auch zugänglich. Er tritt als Zeuge gegen Madame Biomesnil auf und die beiden

Mignons des Marquis unterstützen durch ihre Aussage diejenigen des schurkischen Kerkermeisters, sie sagen, sie hätten das Gespräch Justinens und der Madame Biomesnil belauscht und daß die Erstere sich nur verstellte, denn sie sei weder wahnsinnig noch stumm.

Wenn Alles, was Sâde in dieser Erzählung angiebt, wirklich wahr wäre, dann lieferte dies ein höchst trauriges Bild der schlimmen Zustände Frankreichs zu jener Zeit, es ist aber kaum denkbar, daß so etwas stattfinden konnte. Wahr ist es allerdings, daß der Prozeß und der an dem unglücklichen Calas begangene Justizmord Mehres davon, was Sâde erzählt, zu bestärken scheint. Gewiß ist es nämlich, daß Calas nur ein Opfer katholischer Intoleranz gewesen und wenn – wie Sâde angiebt – auch bei Justine der Umstand, daß sie sich zu dem protestantischen Glauben bekannte, die Richter gegen sie einnahm, so konnte es doch geschehen sein, daß an ihr ein Justizmord begangen wurde. Solche Fälle sind sogar noch jetzt bei immer vorwärtsschreitender Humanität, bei besserer Organisation der Rechtspflege, nach Einführung der Geschwornengerichte möglich, ja sie kommen zuweilen vor. Ich will meine Leser nur an gewisse berühmte Kriminalfälle der neueren Zeit erinnern, namentlich an jenen des Dr. Palmer in England, der als Giftmischer, und des Malers Kirwan in Dublin, der als Mörder seiner Gattin vor die Assisen kam. Beide wurden zum Tode verurtheilt, der Erstere auch hingerichtet, den Letzteren rettete die Volksstimme schon unter dem Galgen. Beider Männer Fälle sind bis auf den heutigen Tag noch nicht ganz geklärt und ihre Schuld nicht vollkommen erwiesen, wie dies selbst die Volksstimme und sogar die Regierung anerkannt haben mußten, denn ein Jahr nach der Hinrichtung Palmers kamen zwei ähnliche Fälle mit noch deutlicheren Indizien der Vergiftung vor, der Magdalena Smith in Edinburg und eines gewissen Smethurst in London, und obschon bei dem Letzteren die Geschwornen ein Verdict auf Schuldig aussprachen, kam er doch mit dem Leben los.

Die zweite Untersuchung endete mit der Verurtheilung

beider Frauen, Justinens und Madame Biomesnil zum Tode. Die letztere schrieb an ihren Gatten einen sehr rührenden Abschiedsbrief, in welchem sie ihm schwört, sie stürbe unschuldig als Opfer ihres Mitleids für eine noch Unglücklichere als sie selber ist. Ich wundere mich, daß Sâde diesen Brief in seinem Romane miteingeflochten, denn derselbe ist die schlagendste Widerlegung seiner verruchten Theorie über die Tugend und das Laster. Soll das ein Sühnopfer dafür gewesen sein, daß er die Tugend stets verhöhnt? Oh, der Verbrecher mußte noch größere bringen und obschon er es unterläßt, den Zustand seines zerrütteten Gemüths zu schildern, als er erfährt, daß Justine und Madame Biomesnil zum Tod verurtheilt werden, so kann man sich denselben doch vorstellen. Gerade die Schändlichkeiten, die er später verübte, lassen es ahnen, daß sie geschahen, um sich zu übertäuben durch jede Gattung von sinnlichen Ausschweifungen. Sâde pflegt sonst immer seine Gefühle zu schildern, diesmal unterläßt er es, so wie er auch nicht andeutungsweise sagt, ob ihn der Tod Justinens angegriffen, ob er ihn gefreut oder ihm Gewissensbisse verursacht hatte.

Die Hinrichtung der beiden Frauen fand nicht am Grèveplatze, sondern im Inneren der Conciergerie und bei Fakkelschein statt. Die Ankläger, der Richter, der Henker mit seinen Knechten, der Geistliche, der den Verurtheilten den letzten Trost reichte, waren anwesend, sonst Niemand. Jede Verschärfung des Todesurtheils wurde den Unglücklichen erlassen. Sie legten – zuerst Madame Biomesnil, dann Justine – ihre Häupter auf den Block und der Henker trennte sie von den Rümpfen auf einen Hieb.

Auch diese Angabe ist unrichtig. Der Gebrauch des Köpfens war in Frankreich verschieden von dem in England. Die von Sâde beschriebene Hinrichtung würde für eine englische gepaßt haben, wo sie mit der Axt geschah. In Frankreich wurden die Verurtheilten durch das Schwert und in sitzender Stellung geköpft. Es müßte nur sein, daß bei Justine und Madame Biomesnil eine Ausnahme gemacht worden wäre. Uebrigens finde ich noch nothwendig hinzuzufügen, daß ich diese Episode eben so wie Alles, was in dem Romane als geschehen erzählt wird, für die Ausgeburt einer überspannten Phantasie halte und kein Wort davon glaube.

Noch gräßlicher als die Hinrichtung dieser beiden unschuldigen Frauen ist die Schlußscene des Romans – denn die darauf folgenden letzten drei Kapitel (siehe Band X., Seite 293, 312 und 331) sind nur matte Scenen, wie es deren im Buche nur zu Viele giebt, dagegen jenes (Seite 266) ist das schrecklichste von Allen.

Concon hatte die Leichname der Hingerichteten zur Bestattung übernommen und die von den Rümpfen getrennten Köpfe sollten noch zur Verherrlichung einer am Tage der Hinrichtung stattfindenden Orgie, an welcher aber nur die übriggebliebenen Hauptpersonen theilnahmen, dienen. Freluquet und Juliette zeichneten sich dabei wie immer am meisten aus.

25. Das Ende einer Verbrecherrotte.

Da der Roman des Marquis de Sâde mit einer Orgie schließt, in welcher die Theorie der Potenzirung des Schmerzes mit neuen Beispielen illustrirt wird und nichts Weiteres über das Leben und Treiben der in diesem Roman handelnden Personen gesagt wird, so müssen wir ihn als abgebrochen und unvollendet betrachten. Ob der Verfasser des Schreibens müde geworden und was ihn gehindert eine befriedigende Schlußkatastrophe hinzuzufügen, ist unbekannt, seine Gestalten verflüchten sich nicht einmal und der letzte Satz am Ende seines X. Bandes, der so lautet: „So ist es doch erwiesen, daß Tugend ein undankbares Götzenbild ist, welches nur Opfer fordert um sie zu verschlingen, während uns das Laster gewisse uns fühlbare Genüsse bietet, die kein Himmelreich gewähren kann" ist nichts anderes als eine Wiederholung dessen, was dem Leser bis zum Ekel eingepredigt wird beinahe in jedem Kapitel dieses abscheulichen Buches.

Wäre es nicht ein des Verfassers würdigerer Schluß gewesen, zumal da er überall das Princip verficht die Steigerung der körperlichen Schmerzen sei ebenfalls Hochgenuß und der Tod die höchste Potenzirung desselben, wenn er seinen Roman auf eine Art schlösse, wie wir dies in Lord Byrons *Sardanapal* oder im Schlußchor der Oper *der Prophet* finden, wo gesungen wird:

„Schon stürzt das Haus zusammen.
Im Wirbelsturm der Flammen,
Die aus der Hölle stammen,
Reißt uns mit in den Schlund;"

Freilich wäre dies eine Zugabe zu den vielen Unwahrheiten, Unwahrscheinlichkeiten und Unmöglichkeiten, von denen dieses Buch strotzt. Er müßte ein aus der Arche neu erstehender Phönix gewesen sein, um sich mit seinen Weibern und Mignons zu verbrennen und dann eine post obitum Schrift herauszugeben.

Wenn man den Roman Sâdes als eine Autobiographie betrachtet, so ist sie eine unvollkommene. Ihr fehlen die oberen und unteren Glieder, nämlich der Anfang und das Ende. Ueber den ersteren geht er leicht hinweg; über seine Erziehung, seinen Aufenthalt im Jesuitenkloster zu Noisy-le-Sec, über das vorangegangene Leben Vitins, Juliettens (der Gräfin de Bray, seiner Schwester), Freluquets, ihrer Mutter und der beiden Mignons, wird wenig gesagt und ich habe das, was ich zu Anfang dieses Buches erzählt, einigen zu verschiedenen Zeiten und an verschiedenen Orten gesammelten Notizen entlehnt.

Mich hatte der Verfasser dieses schändlichen Buches vor dem Jahre 1856 wenig interessirt, weil ich es überhaupt noch wenig kannte. Ich hatte davon einige Kapitel gelesen, die Kupferstiche betrachtet und als ich vielleicht die beste Gelegenheit gehabt hätte Ausführliches über de Sâde und die in seinem Romane vorkommenden Personen zu erfahren aus dem Munde solcher Menschen, die seine Lebensgeschichte wahrscheinlich genauer gekannt hatten, als es Jemanden giebt in der Gegenwart, der sie kennte, benutzte ich dieselben nicht. Ich wußte von ihm nur so viel, daß er, nachdem er ein ausschweifendes Leben geführt, später sich in ein Kloster zurückzog, wo er sich durch streng moralische Aufführung und seinen Ascetismus auszeichnete und in diesem Kloster auch starb. Dies mochte entweder zu Ende der Regierungszeit Ludwigs XV. oder zu Anfang jener seines Nachfolgers geschehen sein, die Tages- und Jahreszahlen seines Todes sind unbekannt. Man findet auch jetzt keine näheren gedruckten Notizen über ihn.

Erst im vorerwähnten Jahre (1856), nach Beendigung des Krimmkrieges, als ich das Buch in der Holywell-Street erblickte und es für Lord A–n angekauft hatte, wie ich dies gleich zu Anfang dieses Buches erzählt, fing ich mich an für den Verfasser und die in seinem Romane vorkommenden Personen zu interessiren. Woher sollte ich aber Näheres erfahren? Die größte Bibliothek der Welt – das British Museum zu London – glich dem Meere, wenn ich dort Nachforschungen hätte halten wollen. Ich versuchte es zwar anfangs, doch vergebens und gab diese undankbaren Nachforschungen bald auf.

Es gab zu jener Zeit eine Menge französischer Emigranten, zumeist Republikaner und Communisten, die der Staatsstreich des 2. Dezember 1851 nach England getrieben, allhier, sowohl in London, als in Jersey, doch waren dies zumeist Menschen, die sich stets mit Politik befaßt hatten, ohne sich um solche Menschen wie ein Marquis de Sâde zu kümmern. Selbst Victor Hugo und Felix Pyat waren nicht im Stande mir ausführlicher über ihn zu berichten, als ich selbst schon wußte.

Da geschah es, daß mir der Zufall zu Hilfe kam, indem er mich mit dem Marquis de M–ss–c, einem alten Emigranten und Legitimisten aus der Epoche Carls X. zusammenbrachte. Ich hatte diesen Cavalier schon von früherher gekannt, ich wurde ihm zu Gräfenberg vorgestellt.

Der Marquis de M–ss–c lebte seit dem Jahre 1832 in London. Niemand hätte ihn hindern können nach Frankreich zurückzukehren und dort zu bleiben, seine Antipathie gegen Ludwig Philipp und Napoleon III. und seine legitimistischen Ansichten allein standen im Wege, daß er es nicht that. Er hatte aber auch sonst kein Interesse dazu. Sein nicht allzugroßes liegendes Vermögen hatte er schon längst flüssig gemacht und in englischen Eisenbahnactien sehr nutzbringend angelegt. Er war ein Mann von nicht allzugroßen Bedürfnissen. Eine elegante Wohnung, einige Anzüge nach der letzten Mode, frugale Mahlzeiten mit einer Flasche Bordeaux – ohne Champagner, dies genügte ihm. Außerdem verlebte er den größten Theil des Jahres als Gast dieses oder jenes Lords auf dem Lande. Im October des Jahres 1856 begegnete ich ihm in einem jener Lokale, deren es in London so viele giebt, wo sich die Bohème Galante der Hauptstadt herumzutummeln pflegt und er redete mich an. Er war aus Schottland gekommen und wußte auch von dem Ankauf des Buches *Justine und Juliette* für Lord A–n.

„Ich habe das Buch zweimal gelesen", sagte er mir, „wenn Sie es mir aber bandweise wiederum borgen wollen, natürlich nur mit der Einwilligung Lord A–n's", fügte er hinzu, „so werden Sie mich recht sehr verpflichten. Diese Infamien sind sehr hübsch geschrieben."

Ich zögerte nicht dem Verlangen des Marquis zu entsprechen und dies brachte mich in eine oftmaligere Berührung mit ihm.

Während eines meines Besuches, als ich ihm erwähnte, wie vergebens ich mich bemüht etwas Näheres und Detaillirteres über die Lebensgeschichte, namentlich über das Lebensende des Marquis de Sâde, seines Oheims und seiner Schwester zu erfahren, wurde ich dadurch sehr angenehm überrascht, daß er mir darüber Aufschlüsse zu geben versprach.

Was ich demnach noch über den Marquis de Sâde zu erzählen habe, besitze ich aus dem guten Willen und den Mittheilungen des Marquis de M–ss–c.

Etwa fünf Jahre, nachdem de Sâde seinen Roman beendet, wurde er durch eine schreckliche Katastrophe, die zwei junge Herren seiner Bekanntschaft (wahrscheinlich die beiden Mignons, die in seinem Romane mitspielen) das Leben kostete, so gewaltig erschüttert, daß er sich von der Welt zurückziehen und mit seinem bisherigen Leben brechen wollte. Die beiden Cavaliere waren auf einer Jagd in den Pyrenäen von einem Rudel Wölfen angefallen und von diesen Thieren, ehe Jemand zu ihrer Hilfe eilen konnte, auf die gräßlichste Weise zerrissen worden. Der eine der Herren lebte noch, als die Uebrigen hinzukamen, doch hingen seine Eingeweide aus seinem aufgerissenen Leibe hinaus und sein Gesicht, seine Arme und Schenkel fürchterlich zerbissen, seines Gefährten Kehle war ebenfalls durchgebissen und dieser maustodt. Des Sterbenden letzte Worte sollen eine Mahnung für de Sâde gewesen sein, seine Ruchlosigkeiten einzustellen. Beinahe zu derselben Zeit, in welcher dem Marquis de Sâde die gräßliche Todesart der beiden Cavaliere gemeldet wurde, kam ihm die Nachricht von der schweren Krankheit der Mutter Freluquets zu. Diese befand sich in einem Hospital an einer äußerst schmerzhaften und tödtlichen Krankheit leidend. Sie ließ den Marquis zu sich bitten und das was sie ihm sagte, mußte ihn in seinem Vorsatze der Welt Lebewohl zu sagen noch mehr bestärkt haben.

Sie beklagte sich über die Herzlosigkeit Juliettens und Freluquets, die sie kein einziges Mal besuchten. Das alte Weib verfaulte so zu sagen bei lebendigem Leibe, der Gestank, der aus ihrem Leibe ausstieg, war so gräßlich, daß keine Krankenwärterin zu bewegen war, sich an ihr Lager zu begeben. Der Marquis de Sâde bezahlte für sie ein Extracabinet im Hospitale, da die Aerzte sie nicht im gemeinschaftlichen Krankensaale behalten wollten, weil sie die Atmosphäre desselben verpestete. Drei Tage darauf machte der Tod ihren Leiden ein Ende. Ihr wahrer Name war Magdalena Triboucke und der ihrer Tochter Charlotte. Der Marquis de Sâde begab sich nach diesem Todesfalle zu seinem Oheim – Pater Vitin – nach Noisy-le-Sec, bei dem er um seine Aufnahme in das Kloster der Jesuiten bat.

„Du gehörst in eine strengere Regel", sagte der ältere Sünder zu dem jüngeren. „Ich will Dich dem Prior der Camaldulenser empfehlen, er ist der Neffe – vielleicht der Sohn – des von Deiner Schwester gemißhandelten Guardians, gegenwärtig in Paris im Kloster dieses Ordens angestellt. Beichte ihm Deine Sünden und unterwirf Dich reuevoll der Buße, die er Dir auferlegen wird."

De Sâde ging nach dem ihm von seinem Oheim bezeichneten Kloster und wurde von den Camaldulensern in den Orden aufgenommen. Man behandelte ihn dort nicht allzu strenge. Er empfing dortselbst auch Besuche, genoß jede mögliche Freiheit und erreichte ein Alter von 63 Jahren. Der Tag seines Todes war dem Marquis de M–ss–c unbekannt, so wie er auch nicht gewiß wußte, ob er im Jahre 1776 oder 1778 gestorben sei. Seine Camaldulenserbrüder achteten ihn seiner Gelehrsamkeit, seinen liebenswürdigen Manieren wegen, – er vermachte nämlich dem Orden sein Gesammtvermögen – sehr hoch und seine Frömmigkeit war so groß, daß ihn der Orden zur Canonisirung (Heiligsprechung) dem Papste vorschlug. – Dies wäre eine sehr genaue Nachahmung der ersten Novelle in Boccaccio's Dekameron, der Heiligsprechung Ciapellthos, gewesen. Schade, daß dies nicht geschah, es lieferte einen prachtvollen Beitrag zur Legende der katholischen Heiligen.

Die Gräfin de Bray, die es stets erwartet hatte, daß sie ihren Bruder beerben würde, was sie sehr nothwendig gehabt hätte, da sie ihr sämmtliches Vermögen längst verschwendet und eine Menge Schulden hatte, strengte einen Prozeß gegen den Camaldulenserorden an, um ihn zu zwingen, das Vermögen, welches sie von ihrem Bruder als dessen nächste Erbin zu erhalten hoffte herauszugeben. Dieser Prozeß aber währte viele Jahre und zwar bis zum Ausbruch der großen französischen Revolution. Juliette war unterdessen alt und häßlich geworden, sie besaß nichts mehr von jenem Bestechungsmittel, ihren äußeren Reizen, daß sie damit die Richter zu ihren Gunsten hätte einnehmen können und als die kirchlichen Güter von den Männern der Revolution als Staatseigentum eingezogen wurden, verlor sie auch die letzte Hoffnung, das Vermögen, zu dessen Erlangung sie die größten Anstrengungen gethan, erhalten zu können. Sie wandte sich an einige der Revolutionsmänner, namentlich an Barnave, Bailly, Pethion und den berühmten Advokaten von Arras, Maximilian Robespierre, doch wurde sie von allen abgewiesen. Da erbitterte sie gegen die Revolution und die Hauptführer derselben, daß sie sich mit den Contrerevolutionärs in Verschwörungen einließ und die Ausführung mehrer sehr gewagter Missionen auf sich nahm. Sie kam und ging zwischen England und Frankreich als Kundschafterin herum, ward auch nach Mainz zu den Conde's, dann nach der Bretagne geschickt, bei welcher Gelegenheit sie den Legitimisten namhafte Dienste leistete.

Bei Gelegenheit einer ihrer Missionen traf sie mit ihrer Freundin Freluquet in der Nähe von Quimperlé in der Bretagne zusammen. Eine theilte der Anderen ihre Abenteuer mit. Freluquet war nicht so verblüht wie Juliette, obschon sie sich eben so wenig schonte, wie die letztere. Sie war ein Gemeingut einiger Revolutionsmänner, namentlich Couthons und Carriers, die sie als Spione gebrauchten. Es lag den Revolutionsmännern sehr viel daran einige der Pläne und Correspondenzen ihrer Gegner in ihre Gewalt zu bekommen und Freluquet glaubt solche bei Juliette zu finden. Sie ließ sie nicht aus den Augen, sondern folgte ihrer Spur auf Tritt und Schritt. Sie sah, wie sie nach Luciennes zu Madame Du Barry sich begab, wie dies bekannt ist, von ihrem ehemaligen Diener, den Neger Zamora als Aristokratin dem Revolutionstribunal angezeigt wurde und dafür mit dem Kopfe büßte.

Juliette hatte es anfangs geglückt den Nachstellungen Freluquets zu entgehen. Diese letztere hatte aber bereits an Fouquier, Tallien und Couthon ihre Anzeigen gemacht und die Häscher der Revolution waren Julietten überall auf den Fersen, so daß sie bald erkennen mußte, daß es keinen Ausweg mehr für sie gäbe. Die Armee des Generals Hoche war bereits in die Vendee eingedrungen und die Chouans erlitten bedeutende Niederlagen, zuweilen aber überraschten sie einzelne Detachements der republikanischen Armee und metzelten sie zusammen. Bei einem solchen Detachement befand sich auch Freluquet. Sie wurden von den Chouans überrascht und theils niedergemetzelt, theils gefangen genommen, unter den Letzteren befand sich auch Freluquet. Juliette hetzte die legitimistische Bande gegen die Gefangene, sie sagte, sie sei die Maitresse der ärgsten Jakobiner, die fanatisirte Rotte stürzte über die Elende her, die sie in tausend Stücke zerriß, nachdem sie sie auf die entsetzlichste Weise verstümmelt hatte.

Juliette freute sich aber nicht lang dieses ephemeren Triumphes. Sie ahnete nichts von der Gefahr, die ihr drohte und war unvorsichtig genug ihrer Zunge keine Fesseln anzulegen, was sie denn endlich auch auf die Guillotine brachte sammt ihrer Freundin, der einst so schönen und mächtigen Du Barry, mit der sie an einem und demselben Tage hingerichtet wurde.

26. *Moral und Schluß.*

Ich glaube meiner Autorspflicht in jeder Beziehung nachgekommen zu sein, indem ich meinen Lesern das gefährliche und überall verpönte Buch in Auszug vorgeführt habe. Dennoch fühle ich, nachdem ich das letzte Wort im vorherigen Abschnitt niedergeschrieben, eine gewisse Leere in diesem Buche, die mich in Verlegenheit setzt. Ich bin mir nicht bewußt Etwas, was essentiell zur Sache gehört, ausgelassen zu haben. Ich habe es keinmal versäumt, meine Ansichten und Reflexionen sowohl über die Handlung des Romans wie über die scheußliche Tendenz desselben auszusprechen und meinen Lesern mitzutheilen. Ich könnte mit gutem Gewissen meine Feder bei Seite legen und sagen: exegi monumentum.

Ich fordere meine Leser auf zu sagen, ob ich auch nur anspielungsweise das Lesen des verruchten Buches empfohlen? ob ich es versucht habe die schreienden Infamien dieses Unflats zu entschuldigen und sie in einem solchen Lichte dargestellt habe, daß sich Jemand veranlaßt fühlte es lesen zu wollen? Ob ich nicht bei jeder Gelegenheit die Fluchwürdigkeit der in diesem Romane aufgestellten wahnsinnigen und verbrecherischen Theorien verdammt und ihnen – meinen Lesern auf's Dringendste abgerathen habe, ihren Geist mit einer solchen Lektüre zu besudeln und zu verpesten?

Da aber die Menschheit im gewöhnlichen Leben nur zu sehr geneigt ist, gerade Das am meisten kennen zu wollen, was ihr am schädlichsten ist, erstens, weil sie nicht auf's Wort glauben will, daß dem so sei, zweitens weil sie sich denkt, Alles auf dieser Welt habe eine Licht- und eine Schattenseite, so hält sie sich für klug genug nur die Lichtseiten herausfinden zu können, ohne vom Schlimmen berührt zu werden.

Nun aber, da ich meinen Lesern den abscheulichen Roman: *Justine und Juliette oder die Gefahren der Tugend und die Wonne des Lasters* im Auszuge mitgetheilt, werden sie wahrscheinlich aus dem Erzählten herausgenommen haben, daß in diesem Romane die gräulichsten Episoden aufeinandergehäuft sind und das diese durchaus nicht zum Lesen einladen können, zumal wenn man die Handlung selbst auch oberflächlich kennt.

Was ist es, was einen Menschen am meisten dazu treibt ein Buch zu lesen? Es giebt verschiedene Ursachen, ich glaube aber, die vorzüglichsten sind die:

Erstens, um eine interessante Handlung zu kennen und sich durch das Lesen eines Buches romantischen Inhalts aufzuregen oder wenigstens die Langeweile zu vertreiben;

Zweitens, wenn ein Buch eine gewisse verdiente oder unverdiente Berühmtheit erlangt hat, so daß es zum Gegenstand von Discussionen über das Verdienst desselben geworden, damit derjenige, vor dem solche Discussionen geführt werden, auch ein Wörtchen darüber sprechen und sein Urtheil abgeben könne.

Jetzt aber, wo meine Leser den Inhalt des Werkes, nämlich die Handlung, kennen und wissen, daß es nichts darin giebt, was sie moralisch bessern könnte, auch zu aufregend in sich selbst, um dazu zu dienen die Langeweile zu vertreiben, so fallen die beiden Ursachen, die sie sonst veranlassen konnten, das Buch zu lesen, ganz weg und es müßte ein Mensch nur eben von so krankhaften Begierden und Gelüsten besessen sein, wie der Verfasser dieses schauderhaften Romans, wenn er nach all diesen vorausgelassenen Warnungen und Abmahnungen, Lust fühlte das fluchwürdige Buch zur Hand zu nehmen.

Bei dieser Gelegenheit und gleichwie corallarmäßig halte ich es für ersprießlich meinen geliebten Lesern meine Ansichten über die Dinge, die einigermaßen mit dem Inhalte dieses meines Buches (nicht aber des Sâde'schen Romans) in Verbindung stehen und daraus fließen, mitzutheilen.

Wir dürfen uns von dem Augenblicke an, in welchem wir den Gebrauch des göttlichen Funkens, der uns beseelt, der Vernunft, gewonnen haben, nicht mehr isolirt von der übrigen Menschheit betrachten wollen. Unsere Existenz gehört nicht uns allein, sondern der gesammten menschlichen Gesellschaft. Ich will mich durchaus nicht in Discussionen über die Freiheit des Willens einlassen, ich bestreite es nicht, daß der Mensch seinen freien Willen hat, doch wird es auch Niemand bestreiten, daß dieser freie Wille ganz machtlos ist in Beziehung auf die von Jemanden zu begehenden Handlungen. Wenn es z. B. Jemanden einfiele eine Spitze des Mondes abzubrechen oder abzubeißen, so wird ihn Niemand in der Ausführung seines freien Willens hindern, doch wird er auch im Stande sein es auszuführen? Oder: ich habe den freien Willen einen Stier, einen Löwen, eine Boa Constrictor oder was immer für ein stärkeres Thier als ich selber bin, zu bewältigen. Werde ich es aber auch thun können? Mithin ist der freie Wille ohne Macht ihn auszuführen nichts als eine an Wahnsinn grenzende Ohnmacht.

Es giebt jedoch Handlungen, die im Bereiche unseres freien Willens liegen, wo es ganz von uns abhängt, sie zu thun oder zu unterlassen, z. B. Wein oder Wasser zu trinken, einen Ball oder ein Theater zu besuchen, arbeiten oder faullenzen u. s. w. Doch selbst das Begehen oder Unterlassen dieser Handlungen wird durch gewisse Umstände bedingt, z. B. davon, ob wir Geld haben oder nicht. Wenn aber jemand, bloß um seinen Willen auszuführen, z. B. Wein trinken, in's Theater gehen oder faullenzen wollte, könnte er dies, im Falle er kein Geld besäße, nur durch Erlangung der Mittel thun, die ihm dazu verhülfen. Wenn die Mittel, die er dazu anwendet, von seinen Mitmenschen, von der Gesellschaft als rechtmäßig und gestattet anerkannt werden, dann wird ihn auch Niemand daran hindern, sie anzuwenden.

Hier aber fängt das Recht der Gesellschaft über die Rechte der Einzelnen stehend an in dieselbe einzugreifen und den freien Willen oder eigentlich die freie Handlungsweise der Mitglieder der Gesellschaft einzuschränken und dieses Recht, steht ihr nicht nur zu Folge ihrer Macht, ihrer physischen größeren Kraft über den Einzelnen, sondern auch vermöge der ewigen Gerechtigkeit und dem gesunden Menschenverstande zu. Wäre es denn gerecht, daß eines einzelnen Willen über jenen der Menge herrschte!

Hier entsteht nun der gewisse Conflikt zwischen dem absoluten Recht der Legitimität und jenes von Gottes Gnaden gegen das der Volkssouveränität. Gott Lob, wir leben bereits in einem Jahrhundert, in welchem es nicht als Hochverrath und Majestätsverbrechen angesehen und bestraft wird, wenn man den Monarchen als nichts Anderes betrachtet, als den ersten Beamten des Staates, als den obersten Vollstrecker der Gesetze, als den Schirmer und Hüter der Volksrechte, mit einem Worte als den Vertreter der Nation.

Das System jeder Staatseinrichtung muß sich auf die reinste Moral gründen, d. h. es muß festgestellt werden, unter welchen Bedingungen die Gesellschaft weiter bestehen kann und welche Handlungen erlaubt, welche nicht erlaubt sind.

Da jeder Einzelne vom Momente der Geburt an ein Mitglied der Gesellschaft geworden ist und alle Vortheile zu genießen berechtigt ist, die ihm von derselben geboten werden, so sind mit diesen Vortheilen auch gewisse Pflichten verbunden, die er gegen die Gesellschaft erfüllen muß, damit sie fortbestehen könne, umsomehr, da von dem Weiterbestehen derselben auch die ihm gebotenen Vortheile abhängig sind.

Diese Pflichten theilt man in verschiedene Klassen oder man classificirt sie: nämlich Pflichten gegen sich selbst, gegen seine Familie, gegen Gott, gegen den Staat, gegen die Menschheit im Allgemeinen u. s. w. Man könnte sie aber noch viel mehr vereinfacht darstellen, nämlich: als Pflichten gegen sich selbst und Pflichten gegen Andere.

Die Gesellschaft hat sehr naturgemäß die Pflichten der Menschen gegen sich selbst über die Pflichten gegen die Gesellschaft und die Mitmenschen gestellt. In allen Gesetzen wird der Selbsterhaltungstrieb und die Nothwehr jedes einzelnen Menschen als höchstes unverjährbares Recht anerkannt. Die Gesetzgeber sind hierin noch weiter gegangen, um für das Wohlbefinden jedes einzelnen Menschen zu sorgen, sie haben zwingende Gesetze gebracht, in welchen den Einzelnen befohlen wird so zu leben, daß ihr Körper und ihre Seele nicht geschädigt werden. In dieser Sorgfalt der Gesetzgeber für die Wohlfahrt der Einzelnen ist auch der Ursprung aller sogenannten geoffenbarten Religionen zu suchen. Der Gesetzgeber hat nämlich die Einzelnen durch die Religion zur Erkenntnis dessen führen wollen, was ihm schädlich und was ihm nützlich sei. Moses und Mahomet, zwei der weisesten Gesetzgeber und größten Psychologen ihrer Zeit, wußten es sehr gut, daß der Mensch sich zumeist durch seine thierische Natur zu Handlungen bestimmen ließe, ohne jenen klugen Instinkt zu besitzen, der den Thieren niederer Klasse angeboren ist. Ein Hund, ein Stier, ein Wolf oder sonst ein anderes Thier wird in seinen natürlichen Bedürfnissen niemals so ausschweifend sein wie der Mensch; das Thier vermag es zu unterscheiden, welche Nahrung ihm zuträglich ist, es wird aufhören zu fressen und zu saufen, sobald sein Hunger und sein Durst gestillt sind, nicht aber seinen Magen überladen. Auch in anderer Beziehung wird das Thier mäßiger sein als der Mensch und daß es beinahe scheint, als ob die Civilisation die Mutter der Laster wäre. Unter den Wilden kennt man die Trunkenheit, das Spiel gar nicht. Die Rothhäute und Neger haben den Gebrauch und den Geschmack für geistige Getränke erst von den Europäern angenommen und sich angeeignet. Sogar die Unzucht und geschlechtliche Ausschweifungen sind bei Wilden weniger intensiv als unter civilisirten Völkern.

Eben diesem Hange der Menschen zu Ausschweifungen jeder Art zufolge haben Moses und Mahomet ihre diätetischen Gesetze gebracht, nicht anders auch die ersten Gesetzgeber der Hindus, damit die Menschen, deren schlimme Neigungen sie genau kannten, nichts thun mögen, wodurch ihre Gesundheit geschwächt, ihr Leben verkürzt werden. Daher auch die gesellschaftlichen und Familiengesetze, die alle darauf berechnet sind, das Wohlsein der Einzelnen zu sichern.

Nicht aber sich selbst lebt nur der Mensch, sondern auch dem Gemeinwesen, und dieses ist berechtigt vom Menschen zu fordern, daß er sich demselben erhalte, denn wenn er sich durch Ausschweifungen schwächt, so fällt er der Gesellschaft zur Last und diese ist viel zu moralisch, zu edel, zu menschlich, als daß sie eines ihrer Mitglieder, wenn es derselben nicht nur nicht mehr nutzen kann, sondern ihr zur Last fällt, aus seinem Kreise zu stoßen oder gar sein Lebenslicht auszublasen, obschon es Völker gegeben hat, wo dies geschehen. Wir wissen nämlich, daß die Spartaner ungestaltet geborne Kinder in der Wildniß aussetzten, daß die Skythen alte Menschen, die nicht mehr zur Arbeit fähig wären, erschlugen. Es ist nicht erwiesen, ob der Gesellschaft ein solches Recht über Einzelne zustehe oder nicht, ja ein solches Recht wird aufs Entschiedenste bestritten, namentlich von den Verfechtern der Abschaffung der Todesstrafe. Es läßt sich sehr Vieles dafür, doch auch dawider anführen, doch da dies zu weit von jenem Thema führte, welches ich hier erörtern will, gebe ich es auf, es unter meine Analyse zu nehmen.

Hier handelt es sich hauptsächlich darum, ob es dem Menschen gestattet sei, sich moralisch oder physisch so zu schwächen, daß er weniger befähigt sei, den Pflichten gegen die Gesellschaft oder den Staat, dessen Wohlthaten er genießt, zu genügen und nebenbei auch Andere dazu veranlaßt dasselbe zu thun?

Auf diese Frage kann ich nicht anders als entschieden verneinend antworten. Ich gehe aber noch weiter. Je mehr Vortheile ein Mensch vom gesellschaftlichen Leben genießt, desto mehr muß er es vermeiden, sich körperlich oder geistig zu schwächen und sein Verbrechen wird noch größer, wenn er durch sein Beispiel andere Menschen zu ähnlichen Handlungen verleitet.

Ich möchte wohl wissen, ob meine geliebten Leser den Faden meiner Argumentationen verfolgen und ob sie es sehen, wohin ich damit gelangen will? Ich hoffe es, doch fühle ich einige Scheu, wenn ich daran denke, daß das Meiste, was ich gesagt und noch zu sagen habe, von viel erleuchteteren Männern zur Genüge dargethan und daß ich kaum etwas Neues hinzuzufügen haben werde. Immerhin, man kann nicht oft genug wiederholen, was schon als recht anerkannt worden ist. Ist doch Alles, was man spricht, denkt, schreibt und liest, nichts als Wiederholung alter Wahrheiten mit sehr geringer Umänderung in der Form.

Um den Menschen zu befähigen, daß er erkenne, was ihm nützlich sei und um das Schädliche zu vermeiden, hat die Gesellschaft drei Institutionen eingeführt: die Religion, die Gesetze und die Erziehung. Alle drei dieser Institutionen lehren den Menschen das Gute zu thun und das Böse zu vermeiden. Ein Mensch, der die Gebote der Religion streng beobachtet, wird weder sich noch seinen Mitmenschen etwas Böses zufügen, folglich ist die Religion die erste Basis des Fortbestehens der Gesellschaft. Die Religion lehrt den Menschen ebenfalls, daß es eine Belohnung und eine Strafe giebt. Die thierische Natur des Menschen ist zu sehr geneigt den Versuchungen des Fleisches und der Sinne zu unterliegen und nur das Abwägen der drohenden Strafe oder die Hoffnung auf späteren höheren Genuß veranlaßt ihn den Geboten der Religion Folge zu leisten.

Es giebt aber theils so verstockte Gemüther und so leichtsinnige Naturen, daß sie eine entfernt liegende Strafe nicht abschreckt, noch eine weit in Aussicht liegende Belohnung aneifert den naheliegenden sinnlichen Genuß fahren zu lassen, und diese müssen durch näherliegende Strafen abgeschreckt oder durch materielle größere Vortheile dazu veranlaßt werden, für sich und ihrer Nebenmenschen Wohl nur Gutes zu thun und Böses zu vermeiden, oder sie sind zu ungläubig, um sich vor Strafen im Jenseits zu fürchten und auf Belohnungen ebendaselbst zu rechnen, demnach mußten positive Gesetze gebracht werden, durch welche das Begeben jeglicher schädlichen Handlung, die ein Mensch gegen sich selber oder gegen seine Mitmenschen verüben kann, nicht nur durch Androhung sehr schwerer Strafen unmöglich gemacht, so doch wenigstens erschwert werde. Diese Strafen greifen den Menschen in seiner Ehre, in seiner Freiheit, in seinen materiellen Genüssen und auch in der Empfänglichkeit seines Körpers für Schmerzen, endlich sogar seine Existenz an. Daher die Ehren-, Freiheits-, Geld- und körperlichen Strafen.

Es hat aber zu jeder Zeit Menschen gegeben, denen die materiellen Genüsse so viel galten, daß sie, um dieselben nicht entbehren zu müssen, sich über jede Drohung hinausgesetzt haben, um Handlungen zu begehen, die ihren Mitmenschen schädlich waren. Gleichwie es Kinder giebt, die nicht zu bändigen sind, gleichwie es Thiere giebt, die man niemals zähmen kann, so giebt es auch erwachsene, körperlich und geistig ganz ausgebildete Menschen von so lebhaftem wilden Naturell, solchem Uebermaß von Leidenschaftlichkeit und Sinnlichkeit, daß sie um diese zu befriedigen, ihr eigenes und aller ihrer Mitmenschen Wohl in die Schanze schlagen. Was kann und soll all die Gesetzgebung thun, um solche schädliche und gefährliche Individuen zu zwingen, daß sie die Gesetze respektieren?

In den meisten Fällen sind die befehlenden und verbietenden Gesetze mächtig genug, den leidenschaftlichen Menschen im Zaum zu halten. Doch giebt und gab es stets Ausnahmen und zwar sehr zahlreiche, in welchen diese Gesetze unzulänglich waren. Man müßte demnach eine dritte Institution einführen, durch welche der Mensch von frühester Kindheit an zur Erkenntniß dessen gebracht werde, was ihm selbst schädlich ist, selbst wenn er nicht in unmittelbarer Weise sich selbst gegen seine Ehre, seine Gesundheit, seinen Wohlstand und gegen sein Leben versündigt. Die Gesetze sind nichts anderes gewesen als materielle Gebote der Religion, die hinwiederum nur Moralgesetze in sich faßt, so daß diese beiden Institutionen sich gegenseitig unterstützen. Die dritte Institution hingegen war das Erziehungssystem, aus welchem nothwendigerweise die Civilisation hervorgegangen.

Am Anfange der Staatengründung waren sowohl die Religion wie die Gesetze so zu sagen in einem Zustande der Rohheit, weil die Menschen selbst noch viel zu wild waren, als daß es möglich gewesen wäre sie mild und durch die Stimme der Vernunft zu regieren, die sie kaum verstanden haben würden, weil man, um einen Menschen zu überzeugen, Beredtsamkeit und Zeit hätte anwenden müssen und da es eben zufolge der Rohheit und Wildheit der Menschen es sowohl an Zeit, wie einer genügenden Anzahl von Lehrern gebrach, so ward die Erziehung der Kinder eine sehr mangelhafte und geringe.

Daß unter dem Begriffe Erziehung nicht nur das verstanden wird, was ein Kind im elterlichen Hause oder in der

Schule lernt, sondern überhaupt das ganze Leben, alle Sitten und Gewohnheiten, jeder gesellschaftliche Verkehr, so ist die Erziehung die umfassendste Institution des gesellschaftlichen Zustandes.

Der Mensch begreift nichts so schwer als die Nothwendigkeit des gesellschaftlichen Zustandes und der Gesetze. Nur seine individuelle Ohnmacht und seine angeborne Trägheit des Denkens zwingt ihn zur Anerkennung derselben.

Jeder Mensch bildet sich so zu sagen sein eigenes System, je nachdem seine Trägheit des Denkens überwältigender oder leichter zu beseitigen ist. Jeder Mensch ist mehr oder weniger feig. Gott sei es gedankt, denn wäre er es nicht, daß ihn seine Mitmenschen und die Gesellschaft dafür, wenn er sich über die Institutionen erhebt und wider diese handelt, bestrafen würden, dann herrschte in der Welt eine solche Anarchie, die halb zu einer gänzlichen Entvölkerung derselben führen müßte.

Die Gesetzgeber hatten es endlich eingesehen, daß diese dritte Institution am mächtigsten dahin wirken könne, um den Staat und den gesellschaftlichen Zustand aufrecht zu erhalten und den Gesetzen Respekt zu verschaffen, demnach hat man auch in neuerer Zeit auch die größte Sorgfalt darauf verwendet, sie auf die möglich höchste Stufe zu heben, sie jedem gebornen Weltbürger angedeihen zu lassen und viel allgemeiner zu machen als sie es ehemals gewesen. Daher der Schulzwang, der beinahe in allen Staaten des civilisirten Theiles unserer Erde eingeführt worden ist. Der Mensch ist eben so geschaffen, daß er das Gute, selbst wenn er es einsieht, daß es ihm nützlich ist, nur sehr selten befolgt und ausübt, weil die Ausübung desselben in Conflikt mit seinen thierischen Leidenschaften steht.

Da aber die Menschheit nicht allein aus Kindern besteht, die einer Erziehung fähig sind, sondern auch aus erwachsenen Menschen und da es eine viel zu große Menge von Kenntnissen giebt, die nicht in der Schule gelehrt werden können, es müßte denn sein, daß man wenigstens drei-, wenn nicht viermal so viel Zeit verwendete, um Alles, was dem Menschen zu wissen nützlich sein kann, zu lehren, so hat man in den Schulen nur jene Studien und Wissenschaften aufgenommen, die unerläßlich sind, während man das Uebrige dem Fleiße und der Wißbegierde jedes Einzelnen überläßt, damit der Mensch es später erlerne.

Zu diesem Zwecke ist das Lesen nützlicher Bücher die zweite noch ausgiebigere und detaillirtere Schule des Menschen. Hierbei wird es dem freien Willen des Menschen frei gestellt, sich solche Kenntnisse zu sammeln, die ihm am passendsten erscheinen, daß er sie am nützlichsten verwenden könne.

Da es aber unter den Büchern seit jeher sehr viele solche Werke gegeben, die nicht nur nicht belehrend sind, sondern die Sitten der Einzelnen verderben können, weil sie von solchen Menschen geschrieben worden, die zwar die Gabe besessen hatten durch ihren Verstand, ihren Witz andere Menschen zu unterhalten, doch von schlimmen Leidenschaften beherrscht, eitel genug waren dahin zu streben, andere Menschen zu ihren Lehren und Ansichten zu verführen.

Solchen Leuten hat die Welt die Pest der unmoralischen, erotischen und obscönen Literatur zu danken und solche hat es seit Urzeiten gegeben.

Was konnte Menschen, die sich von ihren Leidenschaften regieren ließen, dazu veranlassen, daß sie auch Andere dazu verführen wollten, damit sie so handelten wie sie, die Lehrer selbst? Die Ursachen waren mannigfaltig. Erstens, die den meisten Menschen angeborne Eitelkeit, als Lehrer einer gewissen Doktrin dazustehen, zweitens der Vereinigungs- oder Gesellschaftstrieb der Menschen. Es ist dies ein zu alltägliches Phänomen in der menschlichen Gesellschaft, daß Jemand nicht gern allein ist. Der Mensch ist einmal ein gesellschaftliches und Gesellschaften liebendes Wesen. Zudem, wäre es denn möglich, daß ein Mensch allein stehend alle seine Leidenschaften zu befriedigen im Stande wäre, wenn er bei der Ausführung derselben seiner Mitmenschen Mitwirkung benöthigt? Die Verbreiter der gefährlichen das Mark aussaugenden Vergnügungen nahmen also Andere in ihre Gesellschaften, um das, was sie ausführen wollten, ungestraft thun zu können, denn jemehr Proselyten sie gewannen, um so mächtiger und stärker waren sie, um so gefährlicher wurden sie den Gesetzen und ihren Vollziehern und wenn ihre Macht stets zunahm, dann mochten sie die bestehenden Gesetze über den Haufen geworfen haben.

Damit dies nicht geschehen könne, mußten die Weiseren und Besseren der menschlichen Gesellschaft dafür sorgen, daß diesem Unfug ein Ende gemacht werde und gleichwie es für das Wohl der Menschen aus Belehrungsrücksichten nothwendig war überall Preßfreiheit einzuführen, mußte man andererseits einem Mißbrauch derselben von Vorneherein eine Wehre vorstellen.

Ohne der individuellen Freiheit der Bürger gar zu beengende Fesseln anzulegen, ohne das Palladium der Volkssouveränetät, die Preßfreiheit, angreifen zu wollen, muß doch der Staat darauf bedacht sein, seine Bürger gegen jedes ihnen drohende Uebel – mithin auch gegen eine moralische Pest, eine Ansteckung der guten Sitten, zu schützen und zu verwahren und der Zügellosigkeit der Sitten, als den einzelnen Individuen unmittelbar, dem Staate und der Gesellschaft überhaupt mittelbar schädlich oder gefährlich, Schrauben zu setzen, ja wo möglich sie ganz und gar zu vertilgen und aus jedem Menschen einen moralischen Staatsbürger zu bilden.

Unter allen Aufgaben, die sich ein Staat zu stellen hat, um jenes Utopien zu erreichen, in welchem jeder Staatsbürger sich glücklich und zufrieden fühlen dürfte, ist vielleicht diejenige, die die Sittenlosigkeit verbannen sollte, die schwierigste, weil sich gegen dieses Bestreben des Staates und der Einsichtsvolleren die thierische Natur, die Leidenschaften und überhaupt der Organismus des Menschen widersetzt.

Namentlich sind es die drei Hauptlaster, die Unzucht, das Spiel und die Trunksucht, die man bis jetzt nicht im

Stande war so zu zügeln, daß sie auf die Staaten mittelbar, auf die Familien und einzelne Individuen unmittelbar nicht verderblich einwirkten.

Die Menschen hatten seit jeher, wenn sie die Macht nicht besaßen, sich den Gesetzen thatsächlich zu widersetzen, es verstanden, sie zu umgehen. Man hat in den meisten Ländern das Hazardspiel verboten und dennoch wuchert es überall fort, theils im Geheimen, theils auch öffentlich, ja es giebt Staaten, wo diesem Laster sogar Concessionen gemacht wurden und noch gegenwärtig gemacht werden, wo man Spielhöllen duldet, weil sie einen Theil der Staatseinkünfte bilden, ja es giebt auch solche Staaten, in welchen die Hazardspiele zu einem Monopol der Regierung gemacht worden sind, z. B. das Lotto. Ist dies auch moralisch? Darf der Staat das Hazardspiel bei Privatleuten verbieten und selber das größte, verbreitetste, in alle Schichten des Volkes dringende selber spielen und Buchhalter sein?

Auch dem anderen Laster, der Trunksucht, hat die Gesellschaft eine nur zu weite Thür offen gelassen, dies aber wird aus commerziellen und industriellen Rücksichten entschuldigt, eben so wie der Kleider- und jeder andere Luxus.

Das einzige Laster, gegen welches der Staat mit mehr Strenge auftritt, ist die Unzucht. Sie ist individuell gefährlicher als beide anderen eben erwähnten Laster, doch darum mögen die beiden anderen in ihren Folgen vielleicht für das Bestehen des Familienlebens ebenso, wenn nicht noch schlimmer sein.

Ohne das Recht des Staates, mit Hülfe dessen er, wo es nothwendig ist, in das Privatleben des Menschen eingreift, bestreiten zu wollen, fühle ich mich doch genöthigt zu behaupten, daß die Staaten dieses Recht nur einseitig anwenden. Die Verbreitung unzüchtiger Bücher wird in jedem gesitteten Staate strengstens verboten, während eine andere Gattung der Verführung zur Unsittlichkeit geduldet wird. Ja selbst dieses Verbot der Verbreitung obscöner und zur Sinnlichkeit aufreizender Schriften und Bilder ist ein sehr unvollkommenes.

Wir wissen nur zu gut, daß die Empfänglichkeit der Menschen für äußere Wirkungen sehr ungleich ist und sich nach dem feineren oder abgehärteteren Organismus jedes Individuums richtet. Bei manchen Menschen wird nicht einmal ein solches Buch wie de Sâde's *Justine und Juliette* eine gefährliche Wirkung verursachen, während einem empfänglichen Menschen eine Ode von Horaz, Anakreon, Ovids libri amorum genügen, um ihn zu entflammen und Begierden zu erregen. Weshalb wird also Anakreon, Catull, Ovid überall auf den Universitäten und in Gymnasien als classische Lectüre geduldet? Eben nur seiner Classicität halber? Man sagt, das in den Werken dieser classischen Dichter befindliche Obscöne verschwindet in der Schönheit der Form. Dürften wir aber auch dasselbe von einigen nicht verbotenen Gedichten der neueren Zeit behaupten?

Es ist ferner unbestreitbar, daß gewisse überspannt sentimentale Romane und Schauspiele die Köpfe mancher empfänglicher Personen viel schneller verrücken als selbst die ausgefallensten Zweideutigkeiten in Boccaccio's Dekameron oder in Paul de Kocks und Pigault Lebruns Romanen, ja selbst in den äußerst frivolen Memoiren eines Chevalier de Faublas und Casanova. Die Romane Alexander Dumas des jüngeren, diese Panagyrika des Lorettenthums vergiften mit ihren sophistischen Spitzfindigkeiten, mit ihren eben aus Marquis de Sâde's *Gefahren der Tugend und Wonne des Lasters* geschöpften Entschuldigungen der Sittenlosigkeit, des Ehebruchs, der außerehelichen Liebe.

So gut wie die Obscönitäten der römischen und griechischen Classiker in der Schönheit der Form verschwinden und so zu sagen verdampfen, eben so verschwinden sie auch in Wielands Musarion und seinem neuen Amadis, sowohl in der Schönheit der Form und Sprache und im Brillantfeuer des Witzes, eben so auch in Goethe's, in Beranger's, in Ariosto's, in Byron's, selbst in Schiller's Werken, und ich hielte mich für einen Gothen, wenn ich diese Perlen der älteren und neueren Literatur bloß deswegen, weil sie einige etwas drastische Zweideutigkeiten enthalten, einem

Autodafé überantworten wollte. Es thäte mir sogar leid, wenn dies mit den Leichtfertigkeiten eines Paul de Kock oder selbst Casanova geschähe? Doch wo findet man Classicität oder Gediegenheit in den frazenhaften Produkten der neuesten französischen Literatur, zumal im jüngeren Dumas, wenn er auch zum Mitglied der Akademie gewählt worden – die wir herzlich bedauern, daß sie keine würdigeren Menschen gefunden, um den erhabenen Sitz in ihren Hallen einzunehmen?

Wie gesagt, ist es äußerst schwierig für den Staat und die Regierung hier so zu verfahren, daß man ihr einerseits nicht den Vorwurf mache, sie wollte die individuelle Freiheit und die der Presse antasten, andererseits aber die finsteren Zeiten des geistigen Monopols in den Mönchsklöstern zurückführen und sie dennoch alles Mögliche unternehme, um die Sittlichkeit zu fördern und die Unsittlichkeit zu verbannen. Dies kann nur durch ein praktisches Erziehungssystem bewerkstelligt werden.

Die alten Athenienser waren uns in dieser Beziehung um Vieles voraus und ihr Beispiel wird mit sehr gutem Erfolg in den meisten Lehranstalten, ja sogar in der häuslichen Erziehung der Kinder in Britanien und in den Vereinigten Staaten von Nord-Amerika wieder angewendet. Es besteht darin, daß man den Kindern das Laster in der Theorie kennen lehrt, dabei aber auch die höchst traurigen Folgen, die dasselbe nach sich zieht.

Ich habe in diesem Buche den ekelhaften wahrhaft verbrecherischen Roman des Marquis de Sâde nach besten Kräften in jene Kloake zurückgestoßen, aus welchen er entsprossen und ich würde gegen meine eigenen Grundsätze handeln, wenn ich solchem literarischen Unflat das Wort reden wollte. Ich sage aber, daß es noch viel gefährlichere Dinge giebt, als de Sâdes Roman, daß wir diesen gefährlichen Dingen auf Schritt und Tritt begegnen, wir brauchen nur die zahllosen Kneipen, selbst Theater, die photographischen Schaufensterausstellungen zu besuchen, Leihbibliotheken durchzustöbern, endlich aber diese Pest der Civilisation, die Vaga Venus der tolerirten Bordelle in Betracht zu ziehen, so werden wir diese Behauptung bestätigt finden; darum: fort mit der Unsittlichkeit, sie möge in welcher Form auch immer erscheinen! Et Lupanaria sunt delenda.

Trügerische Rezeption.
Ein Dossier der Herausgeber.

Il a une obscénité
qui n'est pas supportable.

„Es schien schwer, fast unmöglich, den *Faubles* und die *Liaisons dangereuses* zu überbieten, und doch gelang es dem Marquis de Sade (1740–1814), einem verwilderten Sohn der Aristokratie, dessen Lebenswandel seiner Dichtung entsprach. 13 Jahre hatte er in den Gefängnissen zugebracht; kaum freigelassen, veröffentlichte er 1791 *Justine ou les malheurs de la vertu*, vielleicht das verruchteste Buch der gesammten Weltliteratur, doch sollen seine späteren Romane, namentlich *Juliette* (1798), die in den Sitten des Directoriums ihren Niederschlag fand, noch darüber hinausgehen. Nach der Gesammtausgabe seiner Werke (1801) wurde er wieder in Charenton eingesperrt: die Zeit des Cynismus war vorüber, das aufsteigende Kaiserreich strebte nach den classischen Sitten Ludwig des XIV. Bis an seinen Tod beschäftigte sich der alte Marquis damit, Gesellschaftsspiele für die Tollen in Charenton zu schreiben, das Aergste ist, daß er in gutem Glauben handelte, daß er durch seine Romane die Menschheit zu fördern meinte."[1]

Diese Sätze stammen aus der *Geschichte der Französischen Literatur seit der Revolution 1789*, Band 2, von Julian Schmidt, publiziert 1858 in Leipzig. Ein für den Wissensstand der Forschung und die Einschätzung des Sadeschen Werkes in der damaligen Zeit typischer Eintrag, denn eine Rezeption desselben hatte noch nicht stattgefunden.

1. *Die „Justine und Juliette" des Jahres 1874*

Während im Deutschland des 19. Jahrhunderts sich kaum ein Autor vom Werk des „göttlichen Marquis" beeinflußt zeigt, bezeichnet der einflußreiche Kritiker Sainte-Beuve 1843 Sade – in einem Atemzug mit Byron – als einen der „größten Initiatoren der modernen Literatur". Umso erstaunlicher daher, daß um 1874 ein Buch erscheint, das sich laut Titelblatt als eine Ausgabe des Sadeschen Hauptwerkes *Justine und Juliette oder Die Gefahren der Tugend und Die Wonne des Lasters* verstanden wissen will, sogar als eine „kritische Ausgabe nach dem Französischen des Marquis de Sâde".

Nach damaligem Sprachgebrauch ließ das eine getreue Übersetzung des 1797 erschienenen Romans erwarten, der in der Originalausgabe zehn Bände umfaßt. Diese aber sucht man in dem 155 Seiten starken Bändchen, das hier erstmals wieder abgedruckt wird, vergeblich. Denn sein anonymer Verfasser dachte gar nicht daran, „das infamste aller Werke" auch nur im Auszug wiederzugeben. Ihm war es vielmehr darum zu tun, die durch Erwähnungen von Sades Werk in diversen Übersetzungen französischer Romane der Zeit geweckte Neugier im Keim zu ersticken.

Tatsächlich stießen die Leser dieser damals bereits tausendfach verbreiteten Texte immer wieder auf Hinweise, die ihr Interesse auf die *Justine* lenkten, „... jenes unreine Werk des Marquis de Sade, jene wahnsinnige und abscheuliche Sammlung aller Verbrechen und allen Schmutzes" (so Frédéric Soulié in den *Memoiren des Teufels*) oder, wie es in den *1001 Gespenstern* des älteren Dumas heißt, „das aller unmoralischste Buch". Zuverlässige Informationen zu Leben und Werk des vielgeschmähten Romanciers aber fanden die auf Sade aufmerksam gewordenen Leser kaum.

Außer einer Übersetzung der phantastischen Sade-Biographie des Pariser Literaturpapstes jener Zeit, Jules Janin, die 1835 in Leipzig erschienen war, gab es kein Buch in deutscher Sprache zu Sade.[2] Und von seinen Werken waren bis dahin nur die *Verbrechen der Liebe* übersetzt worden (1803 in Leipzig).

Wirkliche Abhilfe schuf auch der Autor des hier vorliegenden Bändchens nicht, der wahrscheinlich ebenso den 1878 unter dem Titel *Die Schule der Wonne* erschienenen Kommentar zur *Philosophie im Boudoir* verfaßt hat. Sein Buch läßt sich nur als eine phantasievolle Umkreisung des Phänomens mit vielen frei erfundenen Passagen bezeichnen. Interessant ist immerhin, daß er bei seinem Aufenthalt in Paris im Jahre 1842 mit den französischen Schriftstellern Dumas, Musset und George Sand über Sade gesprochen haben will, deren Werke nach heutiger Kenntnis deutliche Einflüsse aufweisen.

Zwanzig Jahre zählte der Autor, als ihm „... einer meiner Schulkameraden – ein Jüngling, der um ein Jahr jünger war als ich – die vier letzten Bände dieses Romans, die er der Büchersammlung seines Oheims, eines reichen Privatmannes und berühmten Raritätensammlers entlehnt – zeigte".[3] Ein Jahr darauf habe er den vollständigen Roman mit allen 100 Kupferstich-Illustrationen der Originalausgabe in der Bibliothek des berühmten homöopathischen Arztes Paul von B—g in Pest gesehen. 1842 will er den Roman in der Bibliothek des Louvre gelesen und in den fünfziger Jahren sogar ein Exemplar des Werkes im Auftrag eines englischen Lords bei einem Londoner Antiquar erstanden haben. Der Name des Lords ist angegeben, leider jedoch verschlüsselt: A—n.

Englische Lords mit diesen Anfangs- und Endbuchstaben im Namen und mit bibliophilen Interessen gab es im 19. Jahrhundert nicht wenige, doch die Bibliothekskataloge und Biographien der Ashburtons, Ardens und Atkinsons liefern keinerlei Aufschluß über einen mußmaßlichen Verfasser der *Justine und Juliette*. Hier nun hilft die seltsame Schreibung des „Marquis de Sâde", wie sie sich auf dem Titelblatt der Originalausgabe findet, weiter. Sie nämlich taucht im Briefwechsel zwischen Varnhagen von Ense und Monckton Milnes auf, und dieser wiederum war der Vertraute des sadebesessenen englischen Autors Lord Algernon Swinburne.

Leichter zu entschlüsseln ist der Name des „berühmten homöopathischen Arztes" aus Pest. Bei ihm handelt es sich um den Hahnemann-Schüler Paul B. Balogh (1794–1867), der seit 1830 in Pest praktizierte. Und hinter dem vom Autor gleich zu Beginn erwähnten Schulkameraden Franz von P—y darf man einen der Protagonisten der ungarischen Revolution von 1848 vermuten, Ferenc Pulszky. Pulszky war Botschafter der Regierung Kossuth in London, wurde nach dem Scheitern des Unabhängigkeitskrieges in Abwesenheit zum Tode verurteilt und kehrte erst 1867 wieder nach Ungarn zurück.

Wie das Institut für Literatur der ungarischen Akademie der Wissenschaften freundlicherweise mitteilte, befand sich unter Pulszkys Bekannten ein wie dieser 1813 geborener Mann namens Daniel von Kászonyi, der in späteren Jahren unter verschiedenen Pseudonymen etliche „pikante" und antiklerikale Werke herausgab. Das erfolgreichste dieser Bücher war das 1872 erstmals erschienene *Neue Decameron*. Kászonyi sprach Deutsch und Französisch und hielt sich vor 1842 als Korrespondent der ungarischen Tageszeitung *Pesti Hirlap* in Paris auf. Da er in den sechziger Jahren zudem wiederholt Leipzig besuchte, kommt er als Verfasser von *Justine und Juliette* in Betracht.

2. *Sade im Deutschland des 19. Jahrhunderts*

Aus den Memoiren einer Sängerin:

„Eine meiner Kolleginnen, Madame Denise A..., eine geborene Französin, doch der deutschen Sprache vollkommen mächtig, war unter den übrigen Sängerinnen die einzige, mit welcher man rückhaltlos über alles sprechen durfte, ohne eine Indiskretion ihrerseits zu riskieren oder von ihrer Prüderie zurückgestoßen zu werden. Sie hatte schon alles durchgemacht, kannte den Genuß bis zur höchsten Potenzierung und war bereits in jenes Stadium getreten, in welchem die Blasiertheit für den geschlechtlichen Kitzel eintritt. Sie war noch nicht so alt und auch nicht häßlich, daß sie nicht Männer gefunden hätte, um ihr einen Liebesdienst zu erweisen, sie kokettierte zuweilen mit diesem oder jenem, es geschah aber nur, um sie zu plündern, wie es die Marmordamen in Paris zu tun pflegen.

Es gab unter denen, die ihr bizarrer Geschmack zu Denise hinzog, einige, die meine Vermittlung bei ihr erflehten, und ich war gutherzig genug, das Plädoyer für sie bei Denise auf mich zu nehmen. Dies führte zu Erörterungen und Erklärungen.

„In mir ist jede Lust nach Genuß ausgestorben, nicht infolge einer frühzeitigen Übersättigung, sondern aus Ekel und Abscheu", sagte sie. „Wenn man hört oder liest, wie weit einen diese Gattung von Genuß bringen kann, dann vergeht einem jede Lust dazu. Man kommt aus frischem in laues, dann in abbrühendes Wasser, dann in Pfützen, zuletzt in stinkende Kloaken mit ekelhaftem Gewürm gefüllt. Ich war verheiratet, mein Gatte war der größte Wüstling, den es nur geben konnte, seine Ausschweifungen haben ihn frühzeitig getötet. Es war eine gräßliche Krankheit, an welcher er gestorben; was sage ich, eine Krankheit! es waren mehrere Übel, die ihn bei lebendigem Leibe zersetzten, er starb an der Rückenmarkschwindsucht, war nebenbei syphilitisch, sein ganzer Leib glich einer riesigen Krätze, und er verlor auch sein Augenlicht. Alles dies, ehe er sein 33. Lebensjahr erreicht. Ich betete ihn an und war verzweifelt über seinen Verlust. Alle die genannten Krankheiten rafften ihn galoppierend hinweg. Innerhalb sechs Monaten war er anscheinend so gesund, daß er täglich nach dem Boulogner Gehölz ritt, und dann so hinfällig, daß er sich nicht bewegen konnte. Ich und eine Freundin mußten ihn füttern wie einen Säugling. Wissen Sie, wem er dieses schreckliche Ende zu verdanken hatte? Einem verruchten Menschen, der sich sein Freund nannte, und der ihm das infamste Buch, welches jemals geschrieben worden, zum Lesen gab: des Marquis de Sade *Justine und Juliette oder die Gefahren der Tugend und die Wonnen des Lasters*. Der Verfasser, heißt es, soll infolge seiner Ausschweifungen wahnsinnig geworden und im Irrenhaus gestorben sein. Monsieur Duvalin, der Freund meines Mannes, derselbe, der ihm jenes fluchwürdige Buch zum Lesen gegeben, behauptete zwar, Sade sei nicht wahnsinnig geworden, sondern, um noch mehr genießen zu können, unter die Jesuiten gegangen, in ein Kloster in der Nähe von Paris, in Noisy de Sec. Als ich Duvalin mit Vorwürfen überhäufte, ihn den Mörder meines Gatten nannte, zuckte er die Achseln und sagte, es sei nicht seine Absicht gewesen, meinen Mann zu Grunde zu richten, sondern ihn von seinem Hange zu Ausschweifungen zu heilen; daß sein Mittel fehlgeschlagen, dafür könne er nicht. ‚Was wollen Sie, Madame', schloß er, ‚auch ich wurde vom Teufel des Fleisches geplagt, mich hat das Lesen dieses Buches, welches Ihren Gatten nur noch tiefer hineinriß, geheilt von allen unnatürlichen Gelüsten. Ich sage nicht, daß ich ein Asket geworden, doch gehöre ich nicht zu den unflätigen Schweinen Epikurs, die aus den geschlechtlichen Genüssen eine Kloake machen. Mich hat der Ekel ernüchtert, ihn hat er angezogen. Wer kann dafür!' In meiner Verzweiflung über den Tod meines Mannes wollte ich mich töten, und zwar in raffiniertester Weise. Ich war eine Phantastin. Mein Gatte hatte während unseres ehelichen Beisammenseins jede Gattung tierischer Genüsse, die man mit einer einzelnen Frau durchmachen kann, erschöpft. Als ich das Buch des Marquis de Sade, welches mit hundert Kupferstichen illustriert ist, zum ersten Male in meine Hände nahm, erkannte ich, daß er vieles davon mit mir durchgemacht hatte. Ich ward zu einer Bacchantin in meinen Gedanken und wollte alles dies ebenfalls versuchen, mich Exzessen hingeben, die in dem Buche enthalten waren, um mich ebenso zu töten, wie es mein Mann getan. Die Hinduweiber besteigen nach dem Tode ihres Gatten den Scheiterhaufen, um sich lebendig zu verbrennen.

Meine Liebe für meinen Mann war unbegrenzt und die Todesart, die ich mir wählte, sollte die seinige sein, folglich eine viel qualvollere, als Selbstverbrennung. Ich wollte die tierische Wollust in der Theorie durchstudieren, um sie dann in der Praxis auszuüben. Mein Mann hatte mir einige Bücher ähnlichen Inhalts, namentlich die *Memoiren einer Engländerin Fanny Hill*, die *petites fredaines*, die Geschichte *Dom Bougres*, das *Cabinet d'Amour et de Venus, les bijoux indiscrets*, die *Pucelle* von Voltaire, die *Abenteuer einer Couchoise* teils vorgelesen, teils zum Lesen gegeben.

Er wollte sich und mich dadurch zum Genuß stimmen. Er verfehlte seinen Zweck nicht und fand mich zu allen Cochonnerien, die wir miteinander begingen, geneigt, allein das Buch Sades hielt er zurück, weil er es für mich zu gefährlich hielt; ich fand es erst nach seinem Tode sorgfältig versteckt in einem Schranke, welcher einen doppelten Boden hatte. Ich machte mich daran, das Buch zu lesen. Meine Ungeduld trieb mich, die Bedeutung der Illustrationen zu kennen, und ich schlug es am allerehesten dort auf, wo sich die scheußlichsten Szenen befanden, z. B. die Folterungen der Frauen, die Szene im Tierzwinger, das Abenteuer auf dem Ätna, die Geißelungen, die Orgien, die Knabenschändungen, die Szenen in Rom, den Auftritt, wo der Marquis im Panterfell erscheint zwischen drei nackten Weibern und zwei Kindern, von welch letzteren er bereits eines zu Tode gebissen, endlich auch die Beschreibung der Orgie mit den beiden geköpften Weibern, die Bestialitäten usw.

Jetzt fing ich erst an, Duvalin zu begreifen. Dieses Buch hatte zweierlei Wirkungen, je nach dem Naturell des Lesers oder der Leserin, je nach der Empfänglichkeit und Auffassungsgabe derselben. So wie es Duvalin halb blasiert gemacht hatte, so fühlte ich einen solchen Ekel vor diesen Abscheulichkeiten, die zu lesen mich viel Überwindung kostete, daß ich, ehe ich dahin kommen konnte, auch nur etwas davon, was ich in diesem Buche fand, in der Praxis auszuüben, schon abgestumpft war. Ich konnte mich berühren, soviel ich wollte, ich zog meine Finger zurück, ich fand dieses Gefühl schal und leer. Der Stachel war durch den Überreiz abgebrochen in mir, und niemals wiederum fiel ich zurück. Ich war radikal geheilt von allen wollüstigen Trieben, die im menschlichen Körper stecken. Ich fing an zu begreifen, wie es männlichen Kastraten zu Mute sein muß."

Denise sprach noch viel über dieses Thema und ich verstellte mich vor ihr so gut, daß sie mich in der Praxis für sehr unerfahren hielt. Sie mochte wohl ahnen, daß ich den gewissen eigenhändigen Genuß, jenen mittels der Godemiches und selbst mit Personen meines eigenen Geschlechts kannte, doch nicht den in seinen Folgen gefährlichsten, den mit Männern. Das Verstellen ist, glaube ich, uns Frauen ebenso angeboren, wie den Männern das Prahlen mit ihrem Mut. Sie fragte mich, ob ich noch keines jener Bücher gelesen, die sie erwähnt. Auf meine verneinende Antwort schlug sie mir vor, ich sollte es gleich mit Sades *Justine und Juliette* versuchen.

„Einige Ärzte behaupten", sagte sie, „der Kampher besitze die Eigenschaft, den geschlechtlichen Kitzel bei vielen Frauen zu ertöten. Ich weiß nicht, ob dies wahr ist, doch daß das Buch Sades bei mir auf mehrere Monate jeden Gedanken, jede Sehnsucht zu geschlechtlichen Ausschweifungen erstickte, ist gewiß. Welch eine Phantasie! Und ist es möglich, daß solche Dinge geschehen können? Die Männer darin sind Tiger und Hyänen, die Weiber Boas und Alligatoren. Das wenigste darin sind natürliche geschlechtliche Genüsse, meist sind es Weiber mit Weibern, Männer mit Knaben und mit Tieren. Es ist grauenhaft! Ich dachte darüber nach, ob der Mensch sich wirklich mit der gewöhnlichen Wollust der Begattung so sättigen könne, daß diese zuletzt für ihn gar keinen Reiz mehr hat, daß er anstatt weiße Leiber geschundene, verbrannte, zerfleischte Körper zu sehen wünscht. Ich erschrak über den Mann, der dies geschrieben hatte. Ob er wohl auch alles mitgemacht, oder ob ihn seine ausschweifende Phantasie verführt hatte, solche Dinge aufs Papier zu bringen? An einer Stelle erzählt er, daß dies unter den Kavalieren der damaligen Zeit gang und gebe gewesen, und daß im Hirschparke ähnliche Szenen ausgeführt worden seien.

Er spricht von der Wollust, Menschen sterben zu sehen, spricht, daß auch die berüchtigte Marquise von Brinvilliers einige ihrer Opfer nackt entkleidete und sich an den Todeszuckungen in den Gesichtern und den Körpern der Unglücklichen weidete."

Während der ganzen Zeit, während welcher ich dieses Buch las, was mehrere Monate währte, dachte ich kein einziges Mal daran, das zu tun, was ich allein, mit Marguerite und mit Rudolphine getan. Zehn Bände, jeden zu mehr als 300 Seiten, durchzulesen, dazu braucht man Zeit, und zwar um so mehr, da ich nicht ausschließlich dieser Lektüre nachhängen konnte, denn ich mußte neue Partien einstudieren, die Theaterdirektorin schonte mich auch nicht, alle Tage gab es entweder Theaterproben oder Vorstellungen, ferner empfing ich viele Besuche, teils von meinen Kollegen und Kolleginnen, teils von Freunden, ich erhielt Einladungen zu Soireen, Bällen, Landpartien usw. Endlich aber war ich damals noch nicht fest in der französischen Sprache, um alles genau zu verstehen, was Sade schrieb, und manche Stelle erriet ich nur, da es viele Wörter gab, die man in keinem Wörterbuch findet.

So geschah es denn, daß ich zwei Jahre so keusch lebte, wie die heilige Magdalena, die in ihrer Jugend ein ziemlich stürmisches und bewegtes Leben geführt."[4]

Das ist ein Auszug aus dem zweiten Teil der *Memoiren einer Sängerin*, der Hayn/Gotendorf zufolge „nach dem Juli 1875" erschien. (Der im Buch enthaltene Hinweis auf: „Sades Justine, die sogar zu Robespierres Zeiten von Henkershand verbrannt wurde, doch bald darauf in Holland eine neue Auflage erlebte und neuerdings in Deutschland ebenfalls verlegt wurde,[5] scheint dies zu bestätigen.) Es handelt sich bei diesem Text um einen der wenigen Belege einer kritischen Auseinandersetzung mit Sades Werk in deutscher Sprache. Daß er nur eine Aus-

nahme darstellt, zeigt der Artikel zu Sade in Meyers Konversations-Lexikon, dritte gänzlich umgearbeitete Auflage, Leipzig 1878:

„**Sade**, 1) Laura de, die Geliebte Petrarca's, s. Laura.

2) (spr. ssād) Donatien Alphonse François, Marquis de, berüchtigter franz. Romanschriftsteller, geb. 2. Juni 1740 zu Paris, besuchte das Collège Ludwigs XIV. daselbst, trat dann in das Regiment Chevaulégers, machte als Kapitän eines Kavallerieregiments den Krieg in Deutschland mit, nahm nach dem Frieden seine Entlassung und begann 1766 zu Paris ein sehr ausschweifendes Leben. 1772 zu Aix wegen Sodomiterei und Giftmischerei zum Tode verurteilt und, von längerer Flucht zurückgekehrt, in Vincennes in Haft gehalten, schrieb er hier die schändlichen Romane: *Justine, ou les malheurs de la vertu* (Par. 1791, 4 Bde.) *Aline et Valcourt* (das. 1794) und *Juliette* (das. 1796, 6 Bde.) Durch die Revolution in Freiheit gesetzt, wurde er später wahnsinnig und starb 2. Dec. 1814 im Hospital zu Bicêtre. Vgl. Janin. *Le Marquis de S.* (deutsch, Leipz. 1835)."

Aus den Memoiren einer Sängerin (Fortsetzung):

„Ich muß bemerken, daß ich mit Frau von B... über das Buch Sades gesprochen und ihr die Bilder gezeigt hatte. Sie hatte diese Bilder niemals gesehen, sagte aber, sie glaubte, Frau von L... müsse diese Bilder kennen, sie selbst, Frau von B..., habe einige der Szenen durch Frau von L... ausführen sehen.

„Was kann es Ihnen schaden, alles dies zu sehen?« fuhr Frau von B... fort. „Niemand wird es erfahren, denn das muß ich zum Lobe Annas (sie nannte Frau von L... gewöhnlich bei ihrem Vornamen) gestehen, daß sie sehr diskret ist. Man fühlt eine eigene Art von Aufregung dabei, wenn man solche Szenen sieht. Sie dienen uns dazu, die Menschen in ihrer moralischen Nacktheit kennenzulernen. Wie viele Damen aus hohen Häusern gibt es in Pest, von denen niemand vermutete, daß sie es ärger treiben als die verworfensten Bordellheldinnen; Anna kennt sie alle, sie hat sie alle gesehen, wenn sie sich unbespäht glaubten, nicht mit einem Mann, sondern mit einem halben Dutzend derselben."

Frau von B... hatte meine Neugierde aufgestachelt. So sehr ich auch vor den Szenen in Sades *Justine und Juliette* einen Ekel empfand und mich niemals entschlossen hätte, solchen Auftritten wie jenen im Bande VIII, Seite 2 oder Band X, Seite 90 beizuwohnen, so gab es doch einiges, was ich ertragen haben würde.

Sie kennen gewiß dieses Buch und werden wissen, was die beiden erwähnten Bilder vorstellen, sollten Sie sich aber nicht daran erinnern, so rufe ich es Ihnen ins Gedächtnis zurück. Das Erstere stellt einen Tierzwinger vor. Oben an einem Fenster erblickt man einen ältlichen bärtigen Mann, es ist der Menageriebesitzer, dann einen jungen Menschen, ein Mädchen im Alter einer mannbaren Jungfrau, doch erst unlängst aus dem eines Backfischleins hervorgeschossen und einen Knaben.

Aus dem Fenster wird eben ein nacktes Mädchen kopfüber in den Zwinger gestürzt, ein Panter, eine Hyäne und ein Wolf springen an der Mauer heran, um sie zu zerreißen, ein Löwe zerreißt eben ein anderes Mädchen, man sieht, wie ihr die Eingeweide aus dem Leibe hängen, ein riesiger Bär beschnüffelt ein drittes Mädchen. Selbst Sie als Arzt, der Sie doch gewöhnt sein müssen, in der Klinik die gräßlichsten Operationen und Amputationen zu sehen, müßten sich entsetzen, wenn sich Ihnen ein solches Schauspiel darböte; um wie viel mehr ich.

Das andere Bild stellt den Marquis de Sade in Panterhaut vor; er überfällt drei nackte Weiber, die eine hat er bereits gepackt und beißt in ihre Brust, daß das Blut hervorspritzt, während er mit seiner Rechten ihre linke Brust zerfleischt; auf dem Boden aber liegt ein nacktes Kind, ganz zerbissen und tot.

Ich weiß nicht, welches von den beiden Bildern das gräßlichere ist. So etwas wollte ich nicht sehen. Es sind aber andere Auftritte, Orgien, Geißelungen, Folterungen und Unzucht zwischen Personen desselben Geschlechts, in allen diesen übrigen ist kein Mord, diese könnte man allenfalls ansehen.

Sie werden vielleicht sagen, daß die weniger gräßlichen einen zu den grausamsten bringen könnten. Ich will nicht behaupten, daß es Naturen gibt, die darin keine Grenze kennen, doch ich bin überzeugt, daß es bei mir niemals der Fall sein wird. Man könnte ebenso gut behaupten, daß alle Menschen, – und es ist bekannt, daß die Zahl der Frauen dabei noch größer ist als die der Männer –, die zu Hinrichtungen gehen oder Bestrafungen mit Stock, Ruten und Peitschen beiwohnen, auch selber imstande seien, ihre Mitmenschen zu ermorden, wenn sie dies ungestraft tun könnten; daß es aber nicht so ist, dies weiß ich gewiß. Eine meiner Bekannten, ebenfalls eine Ungarin, deren Vater Offizier gewesen und samt seiner Familie in Wien in der Alfer Kaserne wohnte, hat beinahe täglich körperlichen Exekutionen beigewohnt, sie hat aus ihrem Fenster gesehen, wie die Soldaten Spießruten liefen und Stockstreiche erhielten, dennoch ist es ihr niemals eingefallen, so etwas selber tun zu wollen, sie war nicht einmal imstande, einem Huhne den Hals abzuschneiden. Es ist ein himmelweiter Unterschied zwischen dem Tun und dem Zusehen."[6]

Episoden wie diese unterscheiden sich von den Fallbeschreibungen nebst den zugehörigen Betrachtungen in sexualgeschichtlichen Werken dieser Jahre nur wenig. So heißt es etwa 1886 in der ersten Auflage der *Psychopathia sexualis* des Freiherrn von Krafft-Ebing:

„Ein gewisser Gruyo, 41 Jahre alt, von früher unbescholtenem Lebenswandel und 3mal verheirathet gewesen, erwürgte im Lauf von 10 Jahren 6 Weiber. Sie waren fast sämmtlich öffentliche Dirnen und schon ziemlich alt. Nach dem Erwürgen riss er ihnen per vaginam Darm und Nieren heraus. Einige seiner Opfer schändete er vor dem Mord, andere (e i n g e t r e t e n e r I m p o t e n z w e g e n) nicht. Er verfuhr bei seinen Greuelthaten mit solcher Vorsicht, dass er 10 Jahre lang unentdeckt blieb.

Ein ähnliches Ungeheuer muss der Marquis Sade, von französischen Schriftstellern mehrfach citirt, gewesen sein. Dieser pflegte seine Geschlechtslust damit zu befriedigen, dass er nackte Freudenmädchen verwundete, um sodann mit höchster Wollust ihre Wunden zu verbinden. Er war so cynisch, dass er ernstlich seine grausame Lüsternheit idealisieren und sich zum Apostel einer darauf bezüglichen Lehre machen wollte!"[7]

Auch Krafft-Ebings *Neue Forschungen auf dem Gebiet der Psychopathia sexualis*, Stuttgart 1890, bieten nicht mehr Informationen zu Sade. Er präzisiert darin aber immerhin den seither sprachliches Allgemeingut gewordenen Begriff „Sadismus": Der „Masochismus stellt das Gegenstück einer nach dem Vorgang der Franzosen ‚Sadismus' genannten Form sexueller Perversion dar, deren berüchtigster Vertreter der monströse Marquis de Sade war, und welche darin besteht, dass Akte der Grausamkeit, am Körper des Weibes vom Manne verübt, nicht sowohl als präparatorische Akte des Coitus bei gesunkener Libido und Potenz, sondern sich selbst als Zweck vorkommen, als Befriedigung einer perversen Vita sexualis. Der Betreffende, auf Grund einer angeborenen oder erworbenen Perversio sexualis, perhorrescirt den Coitus und findet in dem wollüstig grausamen Akt, begangen an der Consors, ein Aequivalent für jenen, insofern der Akt Orgasmus bis zur Ejaculation hervorruft, während der Coitus nicht diesen Genuss gewährt, nach Umständen geradezu psychisch unmöglich ist und deshalb verschmäht wird."[8]

3. Die „Geschichte der Juliette" und die Folgen

1887 erscheint unter dem Titel *Ludwig der XIV. und der Hirschpark* eine Neuauflage der *Justine und Juliette*, herausgegeben von dem Züricher Sozialmystiker Heinrich Wortmann und von ihm durch gezielte Kürzungen und Erweiterungen zu einer Werbeschrift für seine Seelentherapie um-

funktioniert. Auf die 1892 publizierte Geschichte der Juliette oder die Wonnen des Lasters vom Marquis de Sade, eingeleitet durch die Biographie des Verfassers und einer Inhaltsübersicht, „Bucharest bei Cesareano & Co.", hat jene obskure Zweitausgabe keinen Einfluß. Diese stellt erstmals eine Auswahl von Episoden in annehmbarer Übersetzung bereit und leitet, bald darauf angeblich in „Chicago" und „Amsterdam" nachgedruckt, recht eigentlich die Sade-Rezeption in Deutschland ein.

Außerdem war aus der Erfahrungsseelenkunde des 18. Jahrhunderts eine anerkannte wissenschaftliche Disziplin, die Psychiatrie, geworden, und sexualkundliche Untersuchungen wurden in größerer Offenheit diskutiert, was sich wiederum auf dem Buchmarkt niederschlug. Krafft-Ebings *Psychopathia sexualis* erreichte diverse Neuauflagen, und auch die pseudowissenschaftlichen Traktate fanden ihre Leser. So erschien beispielsweise in diesen Jahren, ohne Ort und ohne Jahr, eine „populär-medicinische Studie" mit dem Titel *Der Lustmord und ihm verwandte Erscheinungen perverser Geschlechtsempfindungen*. Als Verfasser zeichnet ein „Dr. med. Ritter". Zu Sade schreibt er: „Der Name Sadismus rührt vom Marquis de Sade her, einem berüchtigten französischen Schriftsteller, welcher von 1740–1814 lebte. Nur dann hatte für dieses Scheusal der Coitus einen Reiz, wenn er den Gegenstand seiner Lüste blutig stechen konnte. Taxil erzählt von ihm, dass er so cynisch war, dass er ernstlich seine grausame Lüsternheit idealisiren und sich zum Apostel einer darauf bezüglichen Lehre machen wollte. Er trieb es so arg, dass man ihn in die Irrenanstalt Charenton sperrte, unter anderem machte er eine geladene Gesellschaft von Herren und Damen so liebestoll, indem er ihr mit Canthariden versetzte Chokoladebonbons serviren liess. 1790, während der Revolution, wurde er frei. Er schrieb nun obscöne Romane, die von Wollust und Grausamkeit triefen. Als Bonaparte Konsul wurde, machte ihm Sade seine Romane prachtvoll gebunden zum Geschenk. Der Konsul liess seine Werke vernichten und den Verfasser neuerdings in Charenton interniren, wo er 1814, 64 Jahre alt, starb."[9]

Auch der anonyme Autor der „historisch-psychologischen Studien" mit dem Titel *Grausamkeit und Verbrechen im sexuellen Leben*, ebenfalls ohne Ort und ohne Jahr (wohl Budapest/Graz 1894) erschienen, bedient sich altbekannter Quellen. (Ob sein Name tatsächlich Wladimir Russalkov lautet, wie vermutet wurde, ist nicht zu verifizieren.) Sein Text zu Sade hebt sich von anderen in diesen Jahren geschriebenen denn auch nur unwesentlich ab, nur ist er vielleicht ein wenig gewandter formuliert:

„Das vollkommenste Gegenstück zur passiven Algolagnie, dem Masochismus bildet der sogenannte Sadismus, oder die active Algolagnie. – Wenn jener Schmerz und Grausamkeiten erdulden will, so will dieser solche zufügen. Dem Sadisten, sind die Grausamkeitsacte noch Wonnen!

Der Sadismus besitzt die Eigenthümlichkeit, dass bei ihm die krassesten Gegensätze des menschlichen Daseins, die Zeugungslust und Mordlust vereint und im causalen Zusammenhange auftreten. – Les extrêmes se touchent.

Aus einem gleichartigen Blutrausch entsteht hier Leben, dort der Tod.

„Im Verkehr der Geschlechter kommt dem Manne die active, selbst aggressive Rolle zu, während das Weib passiv, defensiv sich verhält.*) Dem Manne gewährt es einen großen Reiz, das Weib sich zu erobern, zu besiegen. Unter normalen Verhältnissen sieht sich also der Mann einem Widerstande gegenüber, zu dessen Ueberwindung ihm die Natur den aggressiven Character verliehen hat. Dieser aggressive Character kann nun unter pathologischen Bedingungen

---

*) „Auch bei den Thieren ist es regelmässig das Männchen, welches das Weibchen mit Liebesanträgen verfolgt. Verstellte oder ernstliche Flucht des Weibchens ist nicht selten zu betrachten, dann kommt es zu einem ähnlichen Kampf wie zwischen Raubthier und Beutethier."

gleichfalls in's Masslose, Monströse wachsen, zu einem Drange werden, sich den Gegenstand seiner Begierden schrankenlos zu unterwerfen, bis zur Vernichtung, Tödtung des im übrigen oft geliebten Wesens."

„Die Eroberung des Weibes findet heutzutage in der civilen Form der Courmacherei, Verführung, List etc. statt. Aus der Culturgeschichte und Anthropologie wissen wir aber, dass es Zeiten gab, und noch Völker gibt, in welchen die brutale Gewalt, der Raub, selbst die Wehrlosmachung des Weibes durch Keulenschläge die Liebeswerbung ersetzte. Es ist möglich, das atavistische Rückschläge in derartige Neigungen zu „Ausbrüchen des Sadismus beitragen" (Krafft-Ebing).

Diese pathologische Steigerung von Begleiterscheinungen des Geschlechtslebens in's Unmenschliche bezeichnet die französische Litteratur als Sadismus, so benannt nach dem Marquis de Sade (1740–1814) Verfasser von *Justine und Juliette*.

Der französische Romanschriftsteller Jules Janin schreibt in einem Werkchen über den Marquis de Sade. – „Soll ich Ihnen die Bücher de Sade's analysiren? Blutige Leichname, den Armen ihrer Mütter entrissene Kinder, junge Frauen, die man zum Schluss einer Orgie erwürgt; Pokale angefüllt mit Blut und Wein, unerhörte Folterungen. Man heizt Siedekessel, richtet Folterbänke her, man zieht Menschen bei lebendigem Leibe die Haut ab; man schreit, man flucht, man beisst sich untereinander, man reisst einander das Herz aus dem Leibe: und das ohne Aufhören, zehn Bände hindurch und auf jeder Seite, in jeder Zeile, immer und immer!"

„Oh! welch unermüdliche Verruchtheit! In seinem ersten Buche (Justine) zeigt er uns ein unglückliches auf's Äusserste getriebenes Mädchen, verloren, verdorben, mit Schlägen überhäuft; von Ungeheuern in Menschengestalt von einem unterirdischen Gewölbe in's andere, von einem Kirchhofe zum anderen geschleppt, zerschlagen, auf den Tod abgehetzt, geschändet, zerschmettert... und nachdem der

Verfasser alle Verbrechen erschöpft hat, wenn es keine Blutschande, keine Ungeheuerlichkeit weiter zu begehen gibt, wenn er ermattet und röchelnd auf die Leichname niedersinkt, die er erdolcht und geschändet hat, wenn keine Kirche mehr vorhanden, die er nicht entweiht, kein Kind, das er nicht seiner Wuth geopfert, kein moralischer Gedanke, den er nicht mit dem Kothe seiner unfläthigen Ideen und Worte besudelt hätte, dann hält dieser Mensch endlich ein, betrachtet sich und lächelt selbstgefällig. Kaum aber hat er diesen Roman fertig, als sich der Verfasser sagt, dass er eigentlich weit hinter dem zurückgeblieben ist, was er hätte leisten können.

Er setzt sich hin und schreibt „Juliette".

Justine und Juliette – diese seine zwei Hauptromane enthalten eigentlich nur seine Selbstbiographie. Die darin geschilderten, teuflisch erklügelten Variationen seiner Wollust-Gelage fanden in den unterirdischen Kammern eines Hauses statt, das er vollständig hierzu hatte einrichten lassen.

Ein Pariser Bibliophile besitzt den Plan eines vom Marquis projectirten Bordells, in welchem die genaue Vertheilung aller Räume eingezeichnet ist: Der Vorplatz, die Zimmer der Mädchen, die Folterkammern (jede ist einer bestimmten Peinigungsart gewidmet); selbst der Friedhof ist nicht vergessen, wo die Leichen der Opfer, die bei den Orgien ihren Tod fanden, eingescharrt werden sollen. Geheime Thüren sind in den Mauern angebracht, um das heimliche Hinein- und Herausgehen zu erleichtern; ja, der Autor hat sogar den Speisezettel eines „Aufregenden Diners" nicht vergessen.

Was er nun schrieb, war nicht nur das Produkt seiner Einbildungskraft, sondern es waren Auftritte, denen er selbst beigewohnt, ja deren eifrigster Veranstalter er gewesen.

So z. B. wurde er schon im zweiten Jahre seiner Ehe mit der ebenso sanften als liebenswürdigen und schönen Tochter des Präsidenten de Montreuil, durch folgendes, ebenso grausame wie unzüchtige Ereigniss zum Tagesgespräch.

Er beauftragte seinen Kammerdiener am 3. April 1768, ihm in sein Absteigequartier zu Arcueil zwei Freudenmädchen zu bringen. Er selbst hatte am gleichen Tage auf dem place des Victoires eine gewisse Rosa Keller, die Wittwe eines Pastetenbäckers angetroffen, die er sich gleichfalls nach dorthin einlud. Nachdem er ihr das ganze Haus gezeigt hatte, führte er sie schliesslich auf den Speicher, schloss sich dort mit ihr ein und zwang sie, mit vorgehaltener Pistole, sich vollständig zu entkleiden. Er band ihr dann die Hände auf den Rücken und geisselte sie bis ihr das Blut floss. Als sie über und über mit Blut bedeckt war, zog er ein Töpfchen Salbe aus der Tasche, verband ihre Wunden und liess sie so liegen. Er selbst verbrachte dann die Nacht mit den beiden Dirnen in den tollsten Orgien. Des anderen Tags gelang es der Keller zu entkommen, indem sie aus einer Luke des Speichers herabsprang. Der Marquis wurde verhaftet, vor Gericht gestellt, und gegen eine Entschädigung von hundert Louisd'or an Rosa Keller auf Befehl Ludwigs XV. nach sechswöchentlicher Haft freigelassen.

Ein andermal gab er jungen Bauernburschen auf einem seiner Güter ein Fest. Diese brachten ihre Geliebten mit, und er führte sie in einen grossen Saal. Als das Fest recht im Gange war, liess er plötzlich alle Lichter verlöschen. In den Wein liess er berauschende und aufregende Mittel mischen; dazu war der Fussboden spiegelglatt, so dass die Tänzer kunterbunt durcheinander hinpurzelten. Viele Mädchen wurden so vergewaltigt, dass sie hinweggetragen werden mussten.

Dr. Paul Morceau erzählt in seinem Werke: *Von den Verirrungen des Geschlechtstriebes* von einem von de Sade in Marseille veranstaltetem Balle, bei welchem er Canthariden-Extrakt in die zum Nachtisch servierte Vanille-Chocolade mischen liess. Plötzlich entbrannten Herren wie Damen in wahrhaft mänadischer Wuth zu einander.

Der Canthariden-Extract erzeugte eine derartige Brunst bei sämmtlichen Gästen, das sie weder Scham noch Zurückhaltung mehr kannten und sich gegenseitig wie wüthende Thiere anfielen, so dass fünf Personen an den Folgen dieser Orgie starben.

Indessen war die Triebfeder des Marquis nicht die Selbstsucht. Er handelte nicht allein für sich, sondern wünschte, dass auch Andere ebenso geniessen sollten, wie er selbst. Der Ruf seiner Schandthaten drang bis zu den Ohren Ludwig's XV., welcher ihn an seinen Hof zog und zu seinem „maitre de plaisir" ernannte.

In dieser Eigenschaft organisirte er die Orgien des von der Pompadour in's Leben gerufenen „Hirschpark". Der Hirschpark war die Pflanzschule des Lasters für die Prinzen aus dem Hause Bourbon. Wehe dem Knaben oder Mädchen, das einem der Wüstlinge des französischen Hofes in die Augen stach. Die Unschuld der Kinder, die zuweilen selbst wilde Thiere zu rühren im Stande ist, war in den Augen dieser verhärteten und durch Sittenlosigkeit und Ausschweifungen jeder Art abgestumpften Menschen nicht nur ganz machtlos, sondern sie erhöhte nur noch ihre Lust an den moralischen und physischen Qualen ihrer Opfer.

Die cynischen Sophismen, von denen Sade's Bücher wimmeln, sind vielfach mit solch' philosophischer Schärfe verfochten, dass der Leser irre wird und sie für Wahrheiten halten könnte. So behauptet de Sade unter anderen, dass es Menschen gäbe, bei denen gerade die furchtbaren Schmerzen der Folter Wollustgefühle hervorriefen und bezieht sich hierbei auf – die Geschichte der christlichen Märtyrer.

Er behauptet, dass sie nicht aus religiöser Begeisterung ihrer Peiniger spotteten, sondern, weil der Schmerz ein solch rasendes Nervenprickeln erzeugt, dass er zuletzt zur Wonne wird.

Wenn man Sade zum Richtplatz geführt hätte, so würde er noch immer an nichts anderes gedacht haben, als an Sinneslust.

Dabei war dieser unselige Mensch, den man überraschte, wie er ein Weib bei lebendigem Leibe seciren wollte, der allwöchentlich einer Unglücklichen, die gerade seine Geliebte war, Blut abzapfte, von einem überraschend anziehenden Äussern, von einer herzgewinnenden Anmuth in Sprache und Bewegung. Mehrmals gefänglich für seine Unthaten eingezogen, gelang es ihm wiederholt mit Hilfe seiner Gattin, seine Freiheit zu erringen, bis er 1784 in die Bastille gebracht wurde, wo er, ausser den schon erwähnten zwei Romanen mehrere Theaterstücke verfasste. In Folge des Bastillensturmes erhielt er seine Freiheit wieder. Nachdem es ihm geglückt war, sich nach den Ereignissen des zehnten August 1792 zum Sekretär der „Volksthümlichen Gesellschaft, Section der Pikenmänner" ernennen zu lassen, rettete er mehrere Personen, u. A. auch seine Schwiegereltern vor der Guillotine, bis er im December 1793 auf Befehl des Wohlfahrts-Ausschusses verhaftet, jedoch im October des darauffolgenden Jahres wieder in Freiheit gesetzt wurde.

Seine beiden Hauptromane widmete er später Napoleon, der sie jedoch ungelesen ins Feuer warf. Im Jahre 1803 als unheilbarer Narr nach dem Irrenhause zu Charenton überführt, starb er daselbst 1814.

Das Monstrum de Sade wird für alle Zeiten als einziger Typus einer unbegreiflichen Sinnesart der „Erotomanie" in seiner schrecklichsten Gestalt dastehen. Alles, was nur die wahnwitzigste Phantasie Ungeheuerliches erdenken kann, hat er geschrieben, indem er noch die epochale Keckheit beging, das Laster und das Verbrechen durch tausendfach bewiesene Lehrsätze auch philosophisch zu vertiefen und zu sanctioniren."[10]

4. *Epilog: Der Klub der Perversen*

Daß sich die Rezeption Sades bis in die eigentlich pornographische Literatur verfolgen läßt, sei nicht unterschlagen. Regina von Wladiczek mag dafür das Beispiel sein. In ihrem 1907 erschienenen Buch *Die hohe Schule der Liebe* berufen sich ihre Helden auf Sade, als sie sich die „Fieberschule der Amalgamisten" erdenken.

„Nach diesen hochgradig-perversen erotischen Praktiken, die beide begrifflos befriedigt hatten, mußte der Graf seine Gebieterin in alle ihm bekannten Liebesmysterien einweihen, freilich nur theoretisch!

Er entledigte seine Aufgabe mit Eifer und Geschick und wußte Claire immer mehr für seine Idee zu begeistern, einen „Klub der Perversen" zu gründen. Beispiellos sollte dort genossen und geschmachtet werden; und die Mitglieder sollten sich teils aus sexuell-anormal veranlagten Menschen beiderlei Geschlechts, die man im Wege der Annonce oder durch gewisse Kupplerinnen und sonstige dunkle Existenzen in beliebiger Anzahl ziemlich leicht gewinnen zu können hoffte, teils aus den unglücklichen Verehrern und Verehrerinnen der herzlosen Dompteuse rekrutieren. –

Alle mit Geldopfern verbundenen Vorbereitungen wollte der Graf unverzüglich treffen; insbesondere wollte er eine geeignete Lokalität ausfindig machen, für eine stilgerechte Ausstattung des Höllentempels sorgen, alle nötigen Gerätschaften und Apparate anschaffen, verschmitzte Inserate zwecks Anlockung der in Seinebabel so reichlich vorhandenen perversen Elemente aufgeben, sowie auch die heimliche Ergreifung des ehemaligen Verlobten Claire's und dessen neuer Geliebten.

Claire dagegen, die übrigens nach der glänzend gelungenen Respekteinflössung an jenem Abend nicht weiter die rigorose Despotin herauskehrte, erklärte sich auf sein Drängen und Zureden hin endlich bereit, die in sie verschossene vornehme Dame auf den Leim zu locken und auf irgend eine suggestive Art zum Mitglied zu ködern.

Sie setzte sich sofort hin und schrieb an sie einen liebeglühenden Brief. Dieser enthielt u. a. auch die Bitte um ein Rendez-vous zu einer bestimmten Zeit und schloß mit den Worten:

„Zieh Dir aber bitte keine Reformhöschen an, geliebtes Kind, denn ich habe Dir etwas sehr Diskretes zu ... sagen."

Axel schüttelte sich vor Lachen, als er diesen gelungenen Passus las und war fest davon überzeugt, daß die andeutungsschweren Zeilen ihre Wirkung nicht verfehlen würden.

Was die von ihm entworfenen Inserattexte betraf, so hatten sie es ebenfalls in sich. Die verschiedenartigen Spitzmarken – beispielsweise „Sanatorium für Lebemänner", „Zusammenschluß von Büßern und Büßerinnen", „Intime Freundschaften", „Radikalmittel für Geschwächte", „Rat und Hilfe für Damen in diskreter Lage" – verbürgten seiner Meinung nach eine unfehlbare Anziehungskraft. Und seine Meinung stützte eine langjährige Erfahrung! Er kannte Paris – er kannte die Menschen – er kannte vor allem die Perversen!!

„Wie wollen wir den Klub nennen?" fragte Claire. „Einen Namen muß das Kind unserer Leidenschaften doch jedenfalls bekommen!"

„Ich habe auch bereits darüber nachgedacht; mir schwebt ein ausgezeichnetes Wort auf der Zunge, das ich irgendwo bei Sade las, wenn ich nicht irre. Gedulde Dich einen Augenblick; ich werde es gleich haben!"

Wer denn Sade sei.

„Wa... as – das weißt Du nicht? Der genialste und ausschweifendste Wüstling, der je gelebt hat, der die Neronen und das ganze Mittelalter in den Schatten stellte."

Da Claire nachdrücklich verneinte, holte er aus seiner Bibliothek den berühmtesten Roman Sade's: *Justine und Juliette,* und begann ihr daraus einige der unvergleichlichen Stellen vorzulesen, die sie in eine unvergleichliche Aufregung versetzten und die Glut ihrer Wünsche nach perversen Genüssen schürten.

„Hör auf!" sagte sie nach einer Weile; „ich kann die Theorien nicht länger ertragen. Aber ich versichere Dir, ich bin jetzt imstande, mich aktiv an den extravaganten Orgien zu beteiligen. Mir ist's, als hätte mir Eros einen – den letzten Schleier von den Augen genommen, als sähe ich den verborgensten Geheimnissen der Liebe bis auf den Grund! Ich begreife jetzt, daß die tiefsten Genüsse, die wahnsinnigsten Freuden im Dämonischen liegen, und daß der höchste Grad von Wollust nur durch das Medium der Qual oder der Qualerzeugung erreicht werden kann."

„Du hast's erfaßt, Claire", pflichtete er ihr bei. „Der Schmerz steigert die Leidenschaft ins Grenzenlose; – der Schmerz ist der Glutofen, in dem die rein sinnlichen Genüsse geläutert und von den Schlacken des Ordinären, des Alltäglichen, des Regulären befreit werden! Ohne diese Verquickung liebt nur der simple Bürger, der Bauer! Just fällt mir auch der Ausdruck ein, nach dem ich schon so lange vergeblich gefahndet; Du hast mich auf ihn gebracht!"

Er nannte ihn ihr, und nach einigen Erwägungen und Modifikationen, an denen Claire in verständnisbekundender origineller Weise partizipierte, kam man überein, den projektierten Klub „Die Fieberschule der Amalgamisten" zu taufen."[11]

Zu der Zeit aber, als diese Sätze entstanden, hatte die seriöse Beschäftigung mit Sade bereits begonnen. Im Jahre 1900 war Iwan Blochs *Der Marquis de Sade und seine Zeit*, im Jahre 1904 seine *Neuen Forschungen über den Marquis de Sade und seine Zeit* erschienen. Auch lag endlich eine akzeptable Übersetzung von Sades Hauptwerk vor, *Justine oder Die Leiden der Tugend gefolgt von Juliette oder Die Wonnen des Lasters.*[12]

Anmerkungen

1 Julian Schmidt, *Geschichte der Französischen Literatur seit der Revolution 1789*, Band 2, Leipzig, Herbig, 1858, S. 26.
2 Die Übersetzung des Essays von Jules Janin aus dem Jahre 1835 ist im Originalwortlaut wieder zugänglich: Jules Janin, *Der Marquis von Sade und andere Anschuldigungen*, München, belleville, 1986. Der angegebene Band enthält zudem alle Texte zu Sade, die bis 1850 in deutscher Sprache erschienen sind, sowie einen Text von Ernst Ulitzsch und ein Nachwort.
3 In diesem Buch Seite 37
4 *Aus den Memoiren einer Sängerin*, Ungekürzte Originalfassung, Nachwort von Paul Englisch, München, Rogner & Bernhard, 1970, S. 157–162
5 *Memoiren einer Sängerin*, S. 239
6 *Memoiren einer Sängerin*, S. 186–188
7 Richard von Krafft-Ebing, *Psychopathia sexualis*, Eine klinisch-forensische Studie, Stuttgart, Enke, 1886, S. 43–44
8 Richard von Krafft-Ebing, *Neue Forschungen auf dem Gebiet der Psychopathia sexualis*, Eine medicinisch-psychologische Studie, Stuttgart, Enke, 1890, S. 2
9 Dr. med. Ritter, *Der Lustmord und ihm verwandte Erscheinungen perverser Geschlechtsempfindungen*, Eine populär-medicinische Studie, o.O., o.J., 32 Seiten. Dort: S. 8
10 [Wladimir Russalkov], *Grausamkeit und Verbrechen im sexuellen Leben*, Historisch-psychologische Studien, o.O. [Budapest/Graz, Minerva], o.J. [1894], 80 Seiten. Dort: S. 62–69
11 Regina von Wladiczek, *Die hohe Schule der Liebe*, Dämonischer Roman aus der Gegenwart, Budapest, 1907, S. 95–98
12 Marquis de Sade, *Justine oder Die Leiden der Tugend gefolgt von Juliette oder Die Wonnen des Lasters*, Roman aus dem Jahre 1797, Aus dem Französischen von Raoul Haller, Herausgegeben von Michael Farin und Hans-Ulrich Seifert, Nördlingen,

Greno, 1987. Reprint der Übersetzung von 1905, sowie ein Nachwort und eine Bibliographie aller Texte von und zu Sade in deutscher Sprache.
Demnächst erscheint Michael Farin/Hans-Ulrich Seifert *Marquis de Sade, Materialien zur deutschen Rezeption/Gesamtbibliographie*, Bonn, Bouvier, 1988.